Conferências

.eorgismo e Comuni

América

.atura do Minarete

Crônicas urupês

eias de Jeca Tatu

Mr. Slang

.as notas Problema Vi

é Brasil Crônicas

ererê: Resultado de um i

de Carta

Monteiro

LOBATO Mi

erro

O Presidente Ne.

Opiniões na Antevéspe

.oto Sec entos

Jeca Ta cios

A Barca de Gleyre

.acaco que se fez Homem.

NEGRINHA imposto único

ntrevistas Escolhio

Cartas de Amor

o do Petróleo

Monteiro
LOBATO

O ESCÂNDALO DO
PETRÓLEO E
GEORGISMO
E COMUNISMO

Editora
GLOBO

© Editora Globo, 2011
© Monteiro Lobato
sob licença da Monteiro Lobato Licenciamentos, 2007

Todos os direitos reservados.

Nenhuma parte desta obra pode ser apropriada e estocada em sistema de banco de dados ou processo similar, em qualquer forma ou meio, seja eletrônico, de fotocópia, gravação etc. sem a permissão dos detentores dos *copyrights*.

Edição: Cecília Bassarani (coordenação), Camila Saraiva e Luciane Ortiz de Castro
Edição de arte: Adriana Bertolla Silveira e Erick Santos Cardoso (assistente)
Diagramação: Fernando Kataoka e Gisele Baptista de Oliveira

Consultoria e pesquisa: Marcia Camargos e Vladimir Sacchetta
Preparação de texto: Página Ímpar e 2 Estúdio Gráfico
Revisão: Margô Negro
Produção editorial: 2 Estúdio Gráfico
Projeto gráfico: Manifesto Design

Créditos das imagens: Acervo Iconographia (página 17), Acervo Família Monteiro Lobato (páginas 8, 14, 15 e 16), Coleção Vladimir Sacchetta (páginas 12 e 19), Acervo DEOPS Arquivo Público do Estado de São Paulo (página 17).

Dados Internacionais de Catalogação na Publicação (CIP)
(Câmara Brasileira do Livro, SP, Brasil)

Lobato, Monteiro, 1882-1948.
O escândalo do petróleo e georgismo e comunismo /
Monteiro Lobato. – São Paulo : Globo, 2011.

Bibliografia
ISBN 978-85-2504-918-6

1. Comunismo 2. Ensaios brasileiros
3. Indústria petrolífera - Brasil I. Título.

10-09877 CDD-338.20981

Índices para catálogo sistemático:
1. Brasil : Ensaios : Economia 338.20981

1ª edição, 2011

Editora Globo S.A.
Av. Jaguaré, 1.485 – Jaguaré
São Paulo – SP – 05346-902 – Brasil
www.globolivros.com.br

SUMÁRIO

8 Monteiro Lobato

11 Obra adulta

12 Não tirar, nem deixar que o tirem

21 O ESCÂNDALO DO PETRÓLEO

PRIMEIRA PARTE

22 Introdução

34 Retrospecto

54 O caso de Alagoas

59 Alagoas, São Paulo e o Brasil

64 Os primeiros mártires do petróleo

68 Carta aberta ao ministro da Agricultura

75 Depoimento de Monteiro Lobato

Não tirar

... e não deixar que o tirem

Mais uma prova: A Lei de Minas

Os interesses estrangeiros

Malamphy & Oppenheim

Conclusão

104 O que somos e o que precisamos ser

111 O "conto do petróleo"

SEGUNDA PARTE

116 Onde estávamos em 1936?

Terrenos petrolíferos acaparados

133 Que houve depois de 1936

Leis do petróleo

138 Última reação dos petroleiros

Carta de Monteiro Lobato a Getúlio Vargas

154 A resposta

157 Raciocínio sui generis

163 A confissão dos interesses ocultos

167 Histórico do petróleo do Lobato

178 O mistério

179 Os tratados com a Bolívia

181 Os grandes crimes contra os povos

191 GEORGISMO E COMUNISMO

194 O Imposto Único

210 Bibliografia

Monteiro Lobato

Monteiro Lobato por J.U. Campos

Homem *de múltiplas facetas, José Bento Monteiro Lobato passou a vida engajado em campanhas para colocar o país no caminho da modernidade. Nascido em Taubaté, interior paulista, no ano de 1882, celebrizou-se como o criador do Sítio do Picapau Amarelo, mas sua atuação extrapola o universo da literatura infantojuvenil, gênero em que foi pioneiro.*

Apesar da sua inclinação para as artes plásticas, cursou a Faculdade do Largo São Francisco, em São Paulo, por imposição do avô, o Visconde de Tremembé, mas seguiu carreira por pouco tempo. Logo trocaria o Direito pelo mundo das letras, sem deixar de lado a pintura nem a fotografia, outra de suas paixões.

Colaborador da imprensa paulista e carioca, Lobato não demoraria a suscitar polêmica com o artigo "Velha praga", publicado em 1914 em O Estado de S.Paulo. *Um protesto contra as queimadas no Vale do Paraíba, o texto seria seguido de "Urupês", no mesmo jornal, título dado também ao livro que, trazendo o Jeca Tatu, seu personagem-símbolo, esgotou 30 mil exemplares entre 1918 e 1925. Seria, porém, na* Revista do Brasil, *adquirida em 1918, que ele lançaria as bases da indústria editorial no país. Aliando qualidade gráfica a uma agressiva rede de distribuição, com vendedores autônomos e consignatários, ele revoluciona o mercado livreiro. E não para por aí. Lança, em 1920,* A menina do narizinho arrebitado, *a primeira da série de histórias que formariam gerações sucessivas de leitores. A infância ganha um sabor tropical, temperado com pitadas de folclore, cultura popular e, principalmente, muita fantasia.*

Em 1926, meses antes de partir para uma estada como adido comercial junto ao consulado brasileiro em Nova York, Lobato escreve O presidente negro. *Neste seu único romance prevê, através das lentes do "porviroscópio", um futuro interligado pela rede de computadores.*

De regresso dos Estados Unidos após a Revolução de 30, investe no ferro e no petróleo. Funda empresas de prospecção, mas contraria poderosos interesses multinacionais que culminam na sua prisão, em 1941. Indultado por Vargas, continuou perseguido pela ditadura do Estado Novo, que mandou apreender e queimar seus livros infantis.

Depois de um período residindo em Buenos Aires, onde chegou a fundar duas editoras, Monteiro Lobato morreu em 4 de julho de 1948, na cidade de São Paulo, aos 66 anos de idade. Deixou, como legado, o exemplo de independência intelectual e criatividade na obra que continua presente no imaginário de crianças, jovens e adultos.

OBRA ADULTA[*]

CONTOS
- **URUPÊS**
- **CIDADES MORTAS**
- **NEGRINHA**
- **O MACACO QUE SE FEZ HOMEM**

ROMANCE
- **O PRESIDENTE NEGRO**

JORNALISMO E CRÍTICA
- **O SACI-PERERÊ: RESULTADO DE UM INQUÉRITO**
- **IDEIAS DE JECA TATU**
- **A ONDA VERDE**
- **MISTER SLANG E O BRASIL**
- **NA ANTEVÉSPERA**
- **CRÍTICAS E OUTRAS NOTAS**

ESCRITOS DA JUVENTUDE
- **LITERATURA DO MINARETE**
- **MUNDO DA LUA**

CRUZADAS E CAMPANHAS
- **PROBLEMA VITAL, JECA TATU E OUTROS TEXTOS**
- **FERRO E O VOTO SECRETO**
- **O ESCÂNDALO DO PETRÓLEO** E **GEORGISMO E COMUNISMO**

ESPARSOS
- **FRAGMENTOS, OPINIÕES E MISCELÂNEA**
- **PREFÁCIOS E ENTREVISTAS**
- **CONFERÊNCIAS, ARTIGOS E CRÔNICAS**

IMPRESSÕES DE VIAGEM
- **AMÉRICA**

CORRESPONDÊNCIA
- **A BARCA DE GLEYRE**
- **CARTAS ESCOLHIDAS**
- **CARTAS DE AMOR**

---

[*] *Plano de obra da edição de 2007. A edição dos livros* Literatura do Minarete, Conferências, artigos e crônicas *e* Cartas escolhidas *teve como base a primeira edição, de 1959.* Críticas e outras notas, *a primeira edição, de 1965, e* Cartas de amor, *a primeira edição, de 1969. A barca de Gleyre teve como base a primeira edição de 1944 da Companhia Editora Nacional, a primeira, a segunda e a 11ª edições dos anos de 1946, 1948 e 1964, respectivamente, da Editora Brasiliense. Os demais títulos tiveram como base as* Obras completas de Monteiro Lobato *da Editora Brasiliense, de 1945/46.*

Não tirar, nem deixar que o tirem

O escândalo do petróleo, 1ª *edição, 1936*

Radiografia da epopeia

que durou exatamente uma década, de 1931 a 1941, este livro comprova o traço apaixonado e quixotesco de Monteiro Lobato na sua campanha para modernizar o Brasil. Em tom didático, mas indignado, abre citando A *luta pelo petróleo*, obra de Essad Bey que ele, em mais uma de suas jogadas estratégicas, lançou em junho de 1935 pela Companhia Editora Nacional. Traduzida por Charlie W. Frankie, seu colaborador em levantamentos geofísicos e de prospecções, traz o resumo das vantagens do petróleo sobre o carvão como matéria combustível. No longo prefácio transcrito sob o título de "Retrospecto", o leitor encontrará uma análise comparada da atividade de outros países do continente como Estados Unidos, México e Venezuela, por exemplo, com tabelas sobre o número de poços perfurados, a quantidade de barris e respectivos valores em dólares. Ao mesmo tempo, Lobato aproveita para denunciar a ineficiência do Serviço Geológico, órgão oficial encarregado das pesquisas, a quem acusa de encampar a política dos trustes internacionais. "A Lei de Minas, feita sob medida para atender aos interesses da Standard, e imbecilmente endossada pelos pró-homens da revolução, tira todo o estímulo, com a criação duma infinidade de embaraços desalentadores", escreveria ao deputado federal por Santa Catarina Henrique Rupp Júnior, em 1935.

Depois de explicar em detalhes as tentativas de extração no território nacional, sobretudo em Alagoas e Araquá, São Paulo, revela as consequências nefastas da luta que ia fazendo vítimas

Campo petrolífero de Araquá, município de Águas de São Pedro, São Paulo

fatais. Em "Os primeiros mártires do petróleo", nos mostra como, desde o alemão José Bach, descobridor das jazidas de Riacho Doce, os pioneiros foram sendo assassinados por forças ocultas. Em seguida, após a carta aberta ao então ministro da Agricultura, que administrava o uso do subsolo, ele bate na tecla que permeia todo o volume: "não tirar petróleo e não deixar que ninguém o tire". Este é o cerne do seu depoimento ao presidente da Comissão de Inquérito sobre petróleo, constituída a pedido dele próprio no início de 1936. Formulado em cinco partes, reitera sua acusação contra os órgãos governamentais de usar informações privilegiadas para beneficiar diretamente uma empresa norte-americana. Enfatizando a ideia de que abrir mão da matéria-prima combustível equivalia ao suicídio econômico e militar da nação, conclui que o problema principal residia na nossa tendência para resolver problemas só pelo lado teórico, com desprezo absoluto do aspecto prático. Para agravar, os empreendedores independentes ainda precisavam lidar com os "obstáculos artificiais, filhos da burocracia", interpostos pelo Estado.

Nos trechos seguintes Lobato vai desfiando os casos de sabotagem, as medidas arbitrárias e persecutórias contra si mesmo e seus companheiros de cruzada como Hilário Freire, que abraçou de corpo e alma a causa lobatiana. Aborda a criação do

Torre de perfuração em Araquá. Lobato aparece na plataforma, c. 1935

Da direita para esquerda, Edson de Carvalho, Monteiro Lobato, Anísio Teixeira e Octales Marcondes Ferreira em foto de 1932

Conselho Nacional de Petróleo, comandado pelo general Horta Barbosa, contra quem se indispôs, além da constituição da sua Companhia Matogrossense de Petróleo, para perfurar em Porto Esperança, Mato Grosso.

Aparece aqui também reproduzida a carta a Getúlio Vargas em que dá o histórico da situação e grifa o recado ao ditador: "O destino das nações depende muitas vezes da atuação dum homem que enxerga mais longe que os outros". O artigo seguinte fala da resposta em forma de voz de prisão, onze meses depois, pela "audaciosa e injustificável irreverência", "afirmações destituídas de verdade, inteiramente falsas, com o objetivo evidente de injuriar os poderes públicos". Em 8 de abril de 1941, recolhido à Casa de Detenção onde, diz ele, não havia generais nem técnicos do Departamento Mineral a "infectar" o ambiente, mas só "lealíssimos assassinos e ingênuos transgressores dos códigos humanos", soube que fora absolvido em primeira instância pelo juiz do Tribunal de Segurança Nacional, coronel Maynard Gomes, cuja sentença transcreve na íntegra.

Henry George

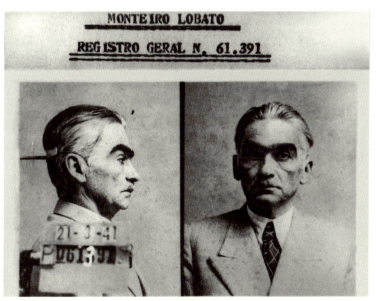

Monteiro Lobato fotografado na Delegacia de Ordem Política e Social (DOPS), março de 1941

Já "Os grandes crimes contra os povos", publicado inicialmente no *Diário de São Paulo* em 1935, a respeito da queima de café, foi revisto e atualizado por Lobato para suas *Obras completas*. Nele, enxergamos seu lado intuitivo, que previa a era do capital financeiro transnacional a impor sua lógica de mercado às nações periféricas. Segundo o pesquisador Humberto Marini, trata-se de um dos escritos mais consistentes do autor, "implacável no lancetar a enrustida corrupção estadonovista".

O volume fecha com *Georgismo e comunismo*, folheto de 1948 alardeando as vantagens do "Imposto Único" sobre a terra. Em vez de abolir a propriedade como nos regimes comunistas, limita-se a taxar quem não produz, penalizando os latifúndios em favor dos pequenos lavradores rurais. Ideia ingênua do visionário cidadão que insistia em apostar no futuro da sua pátria.

Georgismo e comunismo, *capa da 1a edição, 1948*

O ESCÂNDALO DO PETRÓLEO

PRIMEIRA PARTE
Introdução

O caso do petróleo brasileiro

prende-se ao caso do petróleo em geral. Esse produto é o sangue da terra, é a alma da indústria moderna, é a eficiência do poder militar, é a soberania, é a dominação. Tê-lo, é ter o sésamo abridor de todas as portas. Não tê-lo é ser escravo. Daí a fúria moderna na luta pelo petróleo. O livro de Essad Bey revela tudo isso do modo mais impressionante.[1]

A base do poder dos Estados Unidos está, sobretudo, no petróleo. Arrancam do seio da terra quase um bilhão de barris por ano, na maior parte consumidos lá – e nossa imaginação tonteia ao calcular o que tamanha onda de óleo, transfeita em energia mecânica, representa para a economia daquele povo.

Qui aura le pétrole aura l'Empire, escreveu Henri Bérenger na nota diplomática que em 1928 endereçou a Clemenceau, nas vésperas da conferência franco-britânica sobre o futuro do mundo. "Império dos mares, por meio das essências leves; império dos continentes, por meio da gasolina. E império do mundo, por meio do poder financeiro desse produto, mais precioso, mais envolvente e mais dominador do planeta do que o próprio ouro."

Na *Luta mundial pelo petróleo*, La Tramerye comenta assim as palavras de Bérenger: "País possuidor desse precioso combustível verá os milhões possuídos pelo resto do mundo afluírem

---

[1] A luta pelo petróleo, *tradução de Charlie W. Frankie e Monteiro Lobato. Nota da edição de 1946.*

para os seus cofres. Os navios das outras nações não poderão circular sem recorrer aos seus depósitos de petróleo. Esse país que construa uma frota possante e ei-lo senhor dos mares. Ora, o povo que domina os mares arrecada taxas do resto do mundo. Indústrias novas se desenvolvem em torno de seus portos. Seus bancos se tornam os órgãos dos pagamentos internacionais. Rapidamente o mercado regulador do crédito se desloca. Foi o que sucedeu no século XVIII quando o desenvolvimento da marinha inglesa deslocou de Amsterdã para Londres o eixo da hegemonia financeira. Com o surto do petróleo os homens de Estado britânicos inquietaram-se; o eixo começava a deslocar-se para Nova York. Daí a luta tremenda entre a Inglaterra e os Estados Unidos para a posse de reservas do precioso óleo".

Elliot Alves, chefe da "British Oilfields" que o governo inglês organizou para lutar contra a Standard Oil Company, disse:
– *O país que dominar pelo petróleo dominará também o comércio do mundo. Exércitos, marinhas, dinheiro e mesmo populações inteiras de nada valerão diante da falta de petróleo.*

A Grande Guerra provou essa afirmação. Mas por que é o petróleo essa força imensa ante a qual o mundo inteiro se inclina? *Simplesmente porque a base fundamental da vida industrial moderna repousa no combustível.*

O grande combustível já foi a hulha. Hoje é o petróleo. Eis tudo. O petróleo apresenta sobre o carvão vantagens enormes. Extração muito mais fácil. O petróleo, uma vez aberto o poço, jorra, isto é, minera-se por si mesmo, ou é extraído por meio de bombas. A refinação pode ser feita no local ou a mil léguas de distância. As despesas da refinagem são mínimas, quando operada em grande vulto. O pessoal necessário também é mínimo. Isso põe a indústria do petróleo a salvo das crises operárias inevitáveis nas indústrias exigidoras de verdadeiros exércitos de homens – como a do carvão.

Transporte facílimo. O petróleo caminha em terra por dentro de oleodutos – como a água encanada. O varejo é abastecido a granel por meio de carros e autotanques – ou em tambores e latas. Circula sobre os mares em navios-tanques. As bombas de gasolina o distribuem pelos consumidores em todas as estradas de rodagem do mundo.

Tais e tantas são as vantagens do petróleo, que o fedorento sangue da terra passou a ser o sangue da indústria, das finanças, do poder e da soberania dos povos. Se é assim, como então o Brasil se conservou de olhos fechados por tanto tempo?

Por uma razão muito simples. O petróleo está hoje praticamente monopolizado por dois imensos *trusts*, a Standard Oil e a Royal Dutch & Shell. Como dominaram o petróleo, dominaram também as finanças, os bancos, o mercado do dinheiro; e como dominaram o dinheiro, dominaram também os governos e as máquinas administrativas. Essa rede de dominação constitui o que neste livro chamamos os Interesses Ocultos.

O Brasil, com o seu imenso território em tantos pontos marcado de indícios de petróleo, constituía um perigo para esses *trusts*. Gustav Grossman, um geólogo que estudou secretamente as nossas possibilidades petrolíferas, escreveu na conclusão dum seu relatório reservado, feito por conta e uso dum desses *trusts*: *Dada a sua área, a quantidade de petróleo do Brasil talvez seja maior que a de qualquer outro país do mundo.*[2]

Ora, se era assim, o negócio dos *trusts* tinha de ser acaparar terras potencialmente petrolíferas do Brasil e também *catequizá-lo* – convencê-lo de que em seus oito milhões e meio de quilômetros quadrados haverá tudo, menos petróleo.

Esses *trusts* nos conhecem. Sabem que o brasileiro é uma espécie de criança tonta, que realmente só se interessa por jogo, farra, Carnavais e anedotas fesceninas. Sabem que o Brasil não dá a mínima importância ao estudo, havendo até inventado um "sistema de aprender" totalmente novo no mundo: ciência por decreto. Por causa dumas gripes, os meninos que não puderam estudar as matérias do curso – física, geometria, química ou o que fosse – receberam autorização para "requerer

---

[2] "Considering the enormous area of Brazil, and that there is a broad belt of geological outcroppings generally associated with accumulations of oil, I think it is only question of short time before petroleum in commercial quantities will be discovered in Brazil, especially in view of the fact that Brazil is one of the few remaining countries in the World in which no systematic explorations for oil has been carried on.

Brazil is rich in petroleum. In comparison with its area, the amount of petroleum contained is probably larger than in any other country (Gustav Grossman)." *Nota da edição de 1946.*

exames", isto é, pedir que o Governo *atestasse* que eles *sabiam* as ciências não estudadas...

Os *trusts* estão a par de tudo, neste nosso maravilhoso país. Sabem que o lavrador colhe café e o Governo o queima aos milhões de sacas, para manter o "equilíbrio estatístico" – coisa que ninguém percebe o que é – nem trata de perceber. O brasileiro impressiona-se profundamente com o que não entende. "Economia dirigida", por exemplo. Ninguém entende isso – e por isso mesmo a "economia dirigida" do Ministério da Agricultura vai fazendo carreira. Depois de haver *demonstrado*, da maneira mais absoluta, a sua inépcia em dirigir com eficiência as coisas mais elementares, como seja uma simples estrada de ferro, o Governo arregaça as mangas para "fazer economia dirigida", isto é, transformar a complexíssima economia da nação numa vasta Central do Brasil.

Os *trusts* sabem de tudo e sorriem lá entre si. Sabem que a partir de 1930 o brasileiro cada vez menos se utiliza do cérebro para pensar, como fazem todos os povos. Sabem que os nossos estadistas dos últimos tempos positivamente pensam com outros órgãos que não o cérebro – com o calcanhar, com o cotovelo, com certos penduricalhos – raramente com os miolos. Daí o desmantelo cada vez maior da administração pública; daí a bancarrota, a miséria horrível do povo. A miséria é tanta em certas zonas, que a grande massa da população rural já está perdendo a forma humana. Há povoados inteiros de papudos – e nos fundões de Goiás surgem as primeiras criaturas de rabo. Involução darwínica. Degenerescência física por miséria fisiológica não observada nem entre os chineses...

Os *trusts* sabem disso e sorriem. E lá entre si combinaram:

– "Nada mais fácil do que botar um tapa-olho nessa gente. Com um bom tapa-olho, eles, que vegetam de cócaras sobre um oceano de petróleo, ficarão a vida inteira a comprar o petróleo nosso; enquanto isso, iremos adquirindo de mansinho suas terras potencialmente petrolíferas, para as termos como reservas futuras. Quando nossos atuais campos se esgotarem, então exploraremos os 'nossos' campos do Brasil."

Resolvido isso, nada mais fácil que a execução – e os Interesses Ocultos entraram a agir. A primeira coisa a fazer estava em "orientar" os órgãos técnicos da administração; esses órgãos técnicos por sua vez conduziriam os ministros pelo nariz; os quais ministros conduziriam os presidentes; os quais presidentes conduziriam o Congresso. Desse modo, partindo da pulga para o elefante, os *trusts* obteriam as leis mais adequadas aos seus intuitos.

Ao mesmo tempo, graças a uma hábil propaganda feita até nas estradas de rodagem por meio das bombas de gasolina, convenceriam o indígena bocó de que *era absurdo* existir petróleo no Brasil, porque "Ora! Ora! Então se aqui *existisse petróleo pensa você que os americanos já não o tinham tirado?*". Ou então: "*Deus nos acuda! No dia em que tivermos petróleo no Brasil, a gasolina ficará pelo preço da água de Caxambu*".

Para gente que pensa com outras partes do corpo que não o cérebro, argumentos dessa ordem valem ouro. Matam a questão. E quarenta milhões de criaturas passaram a repetir como papagaios os argumentos "estandardizados" que as bombas de gasolina forneciam de lambuja a cada comprador de essência.

Não era bastante. Tornava-se necessário meter ciência no meio. Organizar cientificamente o não petróleo. Ora, o brasileiro tem uma concepção muito curiosa de ciência. Ciência é o que ele não entende. Se entende, é besteira – não é ciência da Legítima.

Eusébio de Oliveira governava então o Serviço Geológico. Apesar de todos os seus defeitos, tinha uma qualidade inegável: falar compreensivelmente. Não servia. O chefe ideal do departamento tinha de ser um "verdadeiro homem de ciência" – dos ininteligíveis. E surge *the right man in the right place* – Fleury da Rocha.

Os Interesses Ocultos exultaram. O Brasil iria ser iluminado por ciência da "legítima". Em vez de dizer-se, à Eusébio, "Olá, negrinho, feche a janela por causa do vento", dir-se-ia, à Fleury, "*Sus, etíope, claudica a fenestra* por causa do furibundo bóreas". Esse homem, escapo a Molière, iria também revelar-se mestre inigualável na fatura da Lei de Minas sonhada pelos *trusts*. Uma lei que embaraçasse, que trancasse da maneira mais perfeita, a pesquisa e a exploração do subsolo nacional. Uma lei-mundéu.

Quem quisesse explorar o subsolo teria de entrar por uma das portas da ratoeira – e ai do desgraçado! Dante escreveu nas portas do inferno: *Lasciate ogni speranza, voi ch'entrate.* Quem entra no inferno da Lei de Minas, não escapa. Está perdido para sempre.

Com semelhante mundéu colocado como porta do sub-solo, a triste sorte das primeiras vítimas desanimaria os outros – e ninguém nunca mais teria o topete de mexer num subsolo donde poderia jorrar a preciosa substância fedorenta que nos custa meio milhão de contos por ano.

Lei labirinto de Creta. Lei cipó arranha-gato. Lei serpes de Laocoonte. Lei arapuca. Lei mundéu. Lei trapa. Lei gramati-cida. Lei mata-pau. Lei rolha. Lei atentado de lesa-pátria, de lesa-direitos, de lesa-bom-senso, de lesa-dignidade humana. Lei Fleury, em suma.

Aquele amontoamento de obstáculos insidiosos, de portas falsas, de incompreensibilidades manhosas, de garrotes e cordas de enforcar tinha o *fim expresso de impedir que o estrangeiro tomasse conta do nosso petróleo.* Patriotismo puro a trescalar de todos os seus cipós o mais suave bodum de brasilidade.

Há, porém, dois patriotismos. Um, peludo, orelhudo, mas sincero, respeitável. Outro, glabro, sem orelha nenhuma – pa-tifíssimo. O famoso doutor Johnson o classificou como *the last refuge of scoundrels,* o último refúgio dos patifes.

Em todas as realizações patrióticas é sempre o patriotismo classificado pelo doutor. Johnson que leva o outro pelo nariz.

A Lei de Minas, manipulada pelo segundo patriotismo e inocentemente promulgada pelo primeiro, destituiu o proprie-tário da terra do direito ao que está no subsolo – apesar da nova Constituição manter intacto o direito de propriedade. E não contente com o confisco, ainda trancou com mil trancas a ex-ploração do subsolo. Trancou-a a todos – aos nacionais e à peri-gosa gente de fora –, *e como era justamente isso o que a perigosa gente de fora queria, os Interesses Ocultos piscaram o olho.*

Já que o programa dos *trusts* consistia em conservar o Bra-sil como eterno comprador do petróleo que eles vendem, a Lei Fleury veio ajustar-se como luva aos seus verdadeiros interesses. Ficavam os *trusts* impedidos de tirar petróleo cá. Ótimo! Quem está com superprodução em seus campos, regala-se de não ser forçado a abrir poços em zonas novas. *Mas como também o nacio-nal ficava impedido de abrir poços,* tudo correria pelo melhor, no melhor dos mundos possíveis – para os *trusts*. Era o meio seguro de manter o Brasil como eterno comprador do petróleo deles.

Enquanto isso, toca a estudar o nosso território e a comprar as terras potencialmente petrolíferas e a fazer contratos de subsolo. Reservinhas para o futuro. Precaução para que o nacional não possa nunca perfurar nas melhores zonas. Tudo ótimo! Bis-ótimo! Que maravilhoso achado, para os Interesses Ocultos, esse senhor Fleury da Rocha!

No decurso deste livro o leitor verá como a máquina do calamitoso Ministério da Agricultura "trabalhou" e "trabalha bem" dentro do programa de "NÃO TIRAR PETRÓLEO, NEM DEIXAR QUE O TIREM". *Apenas* com o dispêndio de 5.000 contos anuais, pagos pelo seu bolso de vítima, o Brasil algema-se aos *trusts* como um perpétuo mercado comprador (hoje de meio milhão de contos, amanhã de 1 milhão) – e ainda evita que surja no mundo um novo produtor de petróleo em condições de perturbar o "equilíbrio estatístico" da produção americana.

Que excelente negócio! Como é fácil vencer no jogo da vida, quando se raciocina com a cabeça! Como é maneiro e manejável o patriotismo número 2! Como é simples despistar um país de quarenta milhões de "ora vejas"...

O tal desvio fisiológico, que nos leva a pensar com órgãos outros que não o cérebro, faz que borbulhem na imprensa artigos com cabeços assim: *"Mas afinal de contas, temos ou não temos petróleo?"*.

Esse título de artigo, essa pilhérica interrogação, vai se perpetuando a despeito do tremendo afluxo de sinais de petróleo, de vestígios de petróleo e até de *exsudações fortemente ativas* de petróleo, que o Brasil apresenta.

Não falarei do Amazonas, nem do Pará, nem do Maranhão, onde abundam todos os sinais que levaram povos menos lerdos a extraírem da terra milhões de barris de óleo; nem de Alagoas, onde, no único ponto estudado a sério (Riacho Doce), a geofísica alemã acaba de assinalar todas as condições clássicas exigidas para a existência do petróleo; nem de toda a costa nordestina da qual Riacho Doce é um ponto; nem do petróleo do Lobato, na Bahia, oficialmente perseguido talvez por ter o meu nome; nem do petróleo do Espírito Santo, que vive a manifestar-se em inúmeros pontos; nem do que indubitavelmente existe na região fluminense das lagoas. Não falarei do petróleo de São Paulo, onde só não saiu em virtude da sabotagem dos poços e da perseguição oficial às companhias. Não falarei do Paraná, onde em torno do afloramento do devoniano os agentes dos *trusts* se assanham na pega de contratos. Nem de Santa Catarina, onde as evidências são as mesmas que no Paraná. Por mais milhões de barris de petróleo que durmam nessas zonas, tudo isso não passa de café pequeno diante do formidável lago de petróleo em que se assenta Mato Grosso. Detenhamo-nos um momento em Mato Grosso.

Que foi Mato Grosso em eras remotíssimas? Que foi esse Mato Grosso de 1.478.000 quilômetros quadrados, maior que a Venezuela, que o Peru, que a Colômbia, que o Equador, que a França, que a Alemanha, que a Itália, que cinco São Paulos? Que foi essa matéria-prima de todo um império? Um mar. Um fundo de mar. Isso há milhares de séculos, no período siluriano, tempo em que Fleury da Rocha não passava de humílima ameba – serzinho gelatinoso ainda a decidir-se entre o reino animal e o vegetal.

Mato Grosso constitui uma parte do fundo do mar de Xaraés – mar que ainda hoje se denuncia nos resíduos subsistentes, do mesmo modo que a rês morta há muitos anos se denuncia pelos ossos esparsos. Lagos, lagoas e pântanos de água salgada – e toda a imensa área alagadiça do Sul (que se chama Chaco nas repúblicas vizinhas e Pantanal no Brasil), representam a ossada dispersa do velho mar de Xaraés. Nesse mar mediterrâneo, encurralado pelo levantamento dos Andes e pelas barreiras montanhosas, norte sulinas, do Brasil atual, formou-se um tremendo depósito de petróleo.

Como afirmar isso? Com bases nas perfurações e estudos feitos nos pedaços desse fundo de mar que constituem territórios das repúblicas vizinhas – Bolívia, Peru, Argentina, Paraguai. Um grande rio navegável corta em duas metades o fundo do Xaraés – o rio Paraguai, esse Mississippi, esse verdadeiro *flumem nostrum* que há de um dia tornar-se a Broadway aquática da América do Sul. O pedaço do fundo do Xaraés que hoje pertence ao Brasil equivale em possança à soma dos pedaços em mãos dos países limítrofes.

Mas acontece que esses países limítrofes nunca tiveram um DNPM.[3] Nunca tiveram um Fleury e por isso perfuraram; e como perfuraram, demonstraram que todo o centro da América do Sul não passa dum lago de petróleo. Esses vizinhos extraem dos respectivos subsolos milhões e milhões de barris. Nós... nós... nós jogamos no bicho.

O petróleo xaraeense está cansado de exibir-se em Mato Grosso, está cansado de denunciar-se de todas as maneiras, de implorar pelo amor de Deus que o tirem das profundidades. Nós... nós... nós gastamos 5 mil contos por ano, ou seja, 17 contos por dia, para, por amor à Standard Oil, nos mantermos algemados. Basta dizer que esse Departamento NUNCA fez o menor estudo em Mato Grosso, NUNCA abriu lá um poço! Medo, pânico, pavor de sujar-se com o inevitável jato do petróleo xaraeense...

Enormes extensões do território de Mato Grosso estão marcadas de sinais de óleo; de lagoas de água salgada, de calcários, conchas e aglomerados fósseis indicativos de formações petrolíferas; de derrames de asfalto, ou petróleo que perdeu por evaporação as partes mais leves; de eflorescências de petróleo; de natas de óleo nos pântanos e cacimbas abertas; de emanações de gás de petróleo. Até os bois sabem disso, pois se recusam a beber certas águas, dizendo com os seus grandes olhos: "Isto é óleo". Os bois mato-grossenses sabem do petróleo do Xaraés. O Ministério da Agricultura ignora-o...[4]

---

[3] *Departamento Nacional de Produção Mineral. Nota da edição de 1946.*

[4] *O governo que suprimir o Ministério da Agricultura e arrasar os casarões que ele ocupa prestará ao Brasil um serviço tremendo. O Brasil viveu desde Pedro I até Nilo Peçanha sem Ministério da Agricultura e por isso prosperou, criou a lavoura do café e tudo o mais de que temos vivido até hoje. Chegamos a ter câmbio acima de 27. Ser lavrador era uma felicidade.*

Um dia Nilo Peçanha, por capadoçagem, lembrou-se de criar aquilo – e nossas desgraças começaram. O parasita foi encorpando, foi emitindo tentáculos, foi se imiscuindo em tudo – nas culturas, para atrapalhá-las; na criação de porcos, para burocratizá-la; na avicultura; na citricultura; na pomicultura; em tudo o que diz respeito a extrair coisas do solo. O lavrador coçou a cabeça. A "assistência" daquele parasitismo começava a embaraçá-lo seriamente. Depois a "assistência" degenerou em "proteção" – esse tremendo negócio de

Mato Grosso tresanda a petróleo, sua petróleo, exsolve-se em petróleo. E não contente de o denunciar por quantas juntas tem, ainda chega a ponto de jorrar petróleo – de possuir *oil-seepages, isto é, exsudações ativas, fontes de petróleo, olheiros de petróleo fluente.*

Há mais de vinte anos um geólogo dinamarquês, Thorvald Loch, descendo um rio ao sul do Mamoré, observou n'água um derrame oleoso a derivar em nata irisada. Seguiu-lhe a pista rio acima. Alcançou o ponto do barranco por onde o óleo descia. Acompanhou-lhe o rasto em terra. Por fim encontrou a *oil-seepage*, o olheiro, a mina que brotava duma encosta. Mediu-lhe a vazão. Era de quinhentos a seiscentos litros por vinte e quatro horas. Petróleo verde-castanho, ótimo, dos melhores.

Oil-seepage desse tipo tem uma importância enorme. Não é mais indício de petróleo. É o próprio petróleo que por força das pressões internas escapa por fendas e derrama-se na superfície. É a "chapopotera" do México, que permitiu a abertura daquele Serro Azul de trezentos mil barris diários. É a "salsa". É o manadouro de óleo, lama, areia e gases – o pus dos grandes tumores subterrâneos. É o sinal que permitiu no mundo inteiro a abertura dos maiores poços.

As *oil-seepages* assemelham-se a pequeninos vulcões de lama. Sofrem de periodicidade. Aumentam ou diminuem conforme o regime da pressão interna e até das fases da lua. Muitas vezes perduram anos e anos ativas; às vezes extinguem-se por anos e anos para recomeçarem de novo, inesperadamente.

---

parasitas que acaba matando o parasitado. O câmbio entrou a cair. De 27 desceu ao que está, pertinho de zero. Os credores nunca mais viram nenhum juro do seu dinheiro.

A tênia burocrática prosseguiu no seu desenvolvimento. Passou a invadir o subsolo. Tomou conta dele – e hoje ninguém mais pode cavar o chão do seu quintal sem a "assistência" do parasita.

O mostrengo anda agora a falar muito amiúde em "economia dirigida". Quer estender ainda mais a sua rede de sufocação. Quem ler no depoimento de Hilário Freire a análise da Lei de Minas o "capolavoro" do Ministério da Agricultura, terá uma rápida visão do que seremos quando a economia nacional for regulamentada pelo senhor Fleury da Rocha. Nesse dia um só remédio nos restará – o suicídio em massa. Quarenta milhões de criaturas a beberem lisol ou a estourarem os miolos a bala – na certeza de irem para o inferno, mas na convicção de que o inferno será um céu em comparação da nossa vida econômica regulamentada pelo Ministério da Agricultura. Nota da edição de 1946.

Loch assinalou geograficamente a posição da *oil-seepage* e prosseguiu viagem. Aparelhou-se. Voltou. Procedeu a levantamentos da zona. Verificou que por extensíssima área o terreno tinha o mesmo fácies característico dos campos de petróleo do Oklahoma, onde ele trabalhara. A mesma vegetação raquítica, envenenada pela emanação constante dos gases. Colheu muitos litros de óleo e, radiante, encaminhou-se para o Rio de Janeiro a fim de assombrar o mundo com a sua descoberta.

Ai! O Carnaval fervia. Foi preciso esperar que o Carnaval acabasse. Acabou um e começou outro. Loch esperou que esse outro carnaval acabasse. Veio o terceiro, o quarto, o quinto Carnaval – e Loch levou dois anos com a *oil-seepage* na mão a esperar que o Carnaval carioca chegasse ao fim...

Ele e seus sócios perderam horas e horas nas antecâmaras ministeriais e nas antessalas dos Fleurys e Oppenheims, esperando, esperando, esperando as audiências. Mostravam os mapas da zona, apresentavam o cheiroso petróleo verde-castanho, riquíssimo de essências voláteis, já analisado – e nada de nada de nada. Ninguém queria saber daquilo. Ninguém se interessava por aquilo. Os homens a quem o Brasil paga 5 mil contos por ano para descobrir petróleo querem *perpetuar-se na procura do petróleo – mas não querem saber de petróleo*.

Loch e seus sócios, sempre com a *oil-seepage* nas mãos, insistem, pedem pelo amor de Deus que o Ministério da Agricultura mande ver, mande estudar a fonte ativa de petróleo, conceda-lhe autorização para explorá-la – e nada de nada de nada!... O Ministério tapa os ouvidos, toca os homens de lá. E este ano, nas *Bases*[5] que o ministro da Agricultura compôs, aparece este pedacinho de ouro:

NO BRASIL, ONDE O PETRÓLEO NÃO FOI
AINDA DESCOBERTO NEM POR ACASO,
NEM POR EXSUDAÇÃO ABUNDANTE...

Uma *oil-seepage* de quinhentos, seiscentos litros por dia é das maiores exsudações espontâneas observadas no mundo.

[5] Bases para o inquérito sobre o petróleo, *volumosa publicação do ministro Odilon Braga. Nota da edição de 1946.*

Existe! Existe de fato. Foi descoberta por Loch. Medida. Locada. Mapeada. Proclamada. Levada ao Ministério. Lá se ajoelhou diante do DNPM pedindo por amor de Deus que a tomassem em consideração.

Tudo inútil. Como *oficialmente o petróleo está proibido de existir*, o ministro da Agricultura, com base nas informações recebidas do senhor Fleury da Rocha, continua afirmando em sua exposição aos juízes do inquérito que no Brasil nunca foi encontrada nenhuma exsudação espontânea do petróleo...

Exército, onde está o teu idealismo? Mocidade, que sono é esse? Guatambu das florestas, quando entrarás em ação? Guanxuma dos campos, em que dia te erguerás sob forma duma vassoura imensa?

Something is rotten in the state of Denmark...

Retrospecto

A ignorância em que andava o nosso povo da importância tremenda do petróleo no mundo moderno foi se dissipando depois que milhares e milhares de volumes da *Luta pelo petróleo*, o magnífico livro de Essad Bey[6], se espalharam pelo país. Monteiro Lobato abriu-o com o seguinte prefácio:

"A pobreza, a lentidão do desenvolvimento do Brasil sempre me preocupou vivamente. Refleti comigo durante anos, com a sensação de que as causas geralmente apontadas para explicar o fenômeno eram causas secundárias; e que antes de apreendermos a causa primária, a causa das causas, nada poderia ser feito para mudar a situação.

O problema localizara-se em meu espírito sob uma forma simplista: Por que, dos dois maiores países da América, descobertos no mesmo ciclo, povoados com os mesmos elementos (europeu, índio e negro), libertados politicamente quase na mesma época, com territórios equivalentes, um se tornou o mais rico e poderoso do mundo e o outro permanece atrofiado?

A observação atenta do fenômeno americano deu-me a resposta clara: *Porque nos Estados Unidos o homem adquiriu elevada eficiência e no Brasil a eficiência do homem está pouco acima da do homem natural.*

---

[6] O texto deste prefácio foi escrito para a primeira edição de A *luta pelo petróleo*, de Essad Bey, lançado em junho de 1935. Seria modificado por Monteiro Lobato e incluído em O *escândalo do petróleo*, que chegou às livrarias em agosto do ano seguinte. Nota da edição de 2010.

A eficiência do homem natural, que só dispõe dos músculos, é mínima. Ele pode o que seus músculos podem. Começa a crescer em eficiência à medida que se vai equipando de *instrumentos* multiplicadores da força dos músculos. Com o arco arroja um projétil a distância muito maior do que com os músculos arremessaria uma pedra. Com o machado de sílex corta a árvore que jamais poderia abater a pulso nu.

Os elementos multiplicadores da eficiência do homem vão crescendo em complicação até se transformarem no que chamamos máquina. A máquina número 1, a máquina *mater*, surgiu com a alavanca – um pedaço de pau não flexível que firmado num ponto de apoio nos permite levantar pesos. Não foi invenção humana. O homem encontrou na terra a alavanca – um pedaço de pau. Apenas descobriu o meio de utilizá-la. Mas a roda foi invenção sua. Da combinação da alavanca e da roda surgiu o veículo – a máquina de transportar, e foram vindo todas as mais máquinas existentes no mundo. Que é máquina? Um meio engenhoso de multiplicar a eficiência do músculo humano.

Mas a máquina é inerte. Tem de ser movida. Exige uma pressão. O que ela faz é apenas multiplicar essa pressão. E o homem dava pressão à máquina com os seus músculos. Depois concebeu a luminosa ideia de escravizar os músculos de seres menos inteligentes, ou mais fracos, para pô-los a mover a máquina. Daí a domesticação do boi e do cavalo. Mais astucioso, o homem transferia para os músculos desses irmãos a tarefa de puxar os carros e mover as moendas. Outra ideia luminosa surge: escravizar o próprio homem. Roma propulsionava as suas galeras e movia os seus moinhos por meio dos escravos feitos nas guerras.

A escravização do boi, do cavalo e do homem permitiu ao mundo um progresso imenso, porque significava a descoberta duma fonte de energia capaz de mover a máquina. E como a máquina é um sistema rígido, a matéria-prima da máquina tinha de ser, não a madeira primitivamente empregada, mas um material de maior rigidez e durabilidade. Qual? O ferro. O homem aprende a derreter certas rochas que encontra na superfície do solo e a extrair uma coisa chamada ferro. Material maravilhoso, de extrema rigidez e durabilidade – e desde então a matéria-prima da máquina ficou sendo o ferro.

A partir daí o astuto bípede começa a dominar o mundo, a arrostar as leis naturais, a tirar dum ponto o que a Natureza pusera noutro, a rir-se de animalões enormes como o elefante e a governar a terra como propriedade sua. Deu de "civilizar-se", isto é, de sobrepor às leis naturais uma lei nova saída da sua cabeça, e quanto mais aperfeiçoava a máquina, mais aumentava de eficiência e pois mais se "civilizava". Mas o seu "progresso" (que é como ele chama a velocidade do seu civilizamento) via-se embaraçado pela pobreza da força de que dispunha para mover a máquina. Era preciso descobrir algo indolor e potente que substituísse o músculo – e surge afinal o aproveitamento da enorme fonte de energia mecânica que existe na força expansiva do vapor-d'água.

Maravilha! Aquela coisa tão simples – água aquecida até transformar-se em vapor – vem libertar o homem do uso exclusivo do músculo dolorido como força motora da máquina. Indolor e de potência ilimitada!

O progresso intensifica-se. Num século de energia mecânica aplicada à máquina o homem faz mais progressos do que em todo o passado da humanidade. Sua eficiência cresce dum modo tremendo.

Mas para ferver a água torna-se necessário o calor. O calor é produzido pela combustão. Para ter combustão o meio é conjugar dois elementos de que a natureza é pródiga, o oxigênio e o carbono. Oxigênio existe na atmosfera em quantidades ilimitadas; já o carbono se mostra mais escasso. Numas zonas existe abundante, noutras rareia. E começa então um desequilíbrio de nível no "progresso". As zonas, ou os países onde o carbono é abundante, permitem que se tenha muita combustão, e pois muito calor, e pois muito vapor-d'água, e pois muita energia mecânica, e pois muita máquina em movimento. E o homem que habita essas zonas começa a crescer tanto em progresso que acaba pondo sob seu domínio, como escravos, os seus irmãos das zonas menos carbônicas. Surge a Inglaterra, que amarra a si toda uma fieira de zonas, ou povos. O seu carbono permite-lhe o mais violento surto de eficiência da nossa era.

O mundo passa a dividir-se em países fortes e países fracos. Nos países ricos em carbono, que podem desenvolver enormes quantidades de energia mecânica, o homem avulta cada vez mais o seu índice de eficiência.

A primeira fonte de carbono utilizada para criar a energia mecânica foi a lenha. Tinha o defeito da produção limitada e cara, além do fraco rendimento calórico, da dificuldade de transporte e outros. Depois surge o carvão, raios de sol que nas eras primitivas ficaram soterrados. E o sol fóssil, vindo de novo à tona, mostrou-se o material ideal para fonte de energia mecânica. Fez-se o pai do progresso moderno. Mas esse progresso ficava privilégio dos países dotados de grandes reservas de carvão – Inglaterra, Estados Unidos, França, Alemanha. Tais países tornaram-se os mais ricos e poderosos, os astros de primeira grandeza num mundo de satélites, porque a soma de energia mecânica que podiam desenvolver com a queima do carvão viera aumentar tremendamente a eficiência do homem politicamente chamado inglês, americano, francês, alemão.

O mais rico em carbono fóssil, a Inglaterra, apesar duma simples ilha sáfara, domina o mundo. Invade todos os continentes, pega a Austrália, as Índias, a melhor parte da África e quantas terras lhe convém; quatrocentos milhões de homens de todas as cores submetem-se ao punhado de ilhéus que tinham ilimitadas quantidades de carvão para queimar.

Mas um dia o coronel Drake fura a terra na Pensilvânia e faz jorrar um líquido negro chamado petróleo. O mundo vai mudar. O equilíbrio de forças não será mais regulado pelas quantidades de carvão existentes no subsolo dum país – e sim pela quantidade de petróleo de que esse país dispuser. O petróleo iria revelar-se a mais alta forma de carbono industrial, a de maior rendimento térmico, de mais fácil transporte – e a mais barata, porque uma vez aberta a fonte vinha à tona por si mesmo, sem necessidade de mineração. Tudo muda. Os países de petróleo sobem ao poder.

Surgem na arena os Estados Unidos, projeção inglesa na América. De simples colônia, passa esse país, em pouco mais de um século, ao primeiro lugar no mundo, como o mais rico, o mais poderoso e por fim o credor universal. Por quê? Porque graças à produção intensa da matéria-prima da máquina – o ferro, e da produção intensa da matéria-prima da energia mecânica – o petróleo, conseguiu elevar o índice de eficiência do seu homem a 42 – isto é, cada americano passou a "poder" tanto, a produzir tanto como 42 "homens naturais" (os que só podem o que os seus músculos podem, como o selvagem). Distanciou o europeu em 31 pontos. O índice de eficiência do europeu em 1929 era igual a 13.

Enquanto esse milagre se operava ao Norte do continente, um país ao Sul, de igual extensão territorial e povoado com os mesmos tipos de elementos humanos, europeu, negro e índio, permanecia em profundo estado de dormência. Um pântano com quarenta milhões de rãs coaxantes, uma a botar a culpa na outra do mal-estar que sentiam. Procuram soluções políticas, mudam a forma do governo, derrubam um imperador vitalício para experimentar imperantes quadrienais, fazem revoluções, entrematam-se, insultam-se, acusam-se de mil crimes, inventam que o pântano permanece pântano "porque há uma crise moral crônica". O mal das rãs é julgar que *sons* resolvem problemas econômicos. Trocam o som "monarquia" pelo som "república", e trocam este som pelo de "república nova". Depois inventam sons inéditos – "reajustamento", "congelados", "integralismo". O próprio das rãs é esse excessivo pendor musical. Querem sonoridades apenas. "Somos o maior país do mundo." "Temos o maior rio do mundo." "Nossas riquezas são inesgotáveis" etc. Enchem o ar dessas músicas – e mandam o ministro da Fazenda correr Nova York e Londres de chapéu na mão a pedinchar dinheiro.

Se a rã esquecesse um pouco dos seus queridos sons e olhasse em redor de si, veria que está perpetuamente rã porque só dispõe da forma de carbono mais rudimentar – a lenha. Não pode portanto aumentar o seu índice de eficiência, muito perto ainda do homem natural. Como não encontrou carvão fácil e ótimo em seu território, que substituísse a lenha, nem teve a elementar ideia de furar o chão para abrir fontes de petróleo, vê-se o brasileiro obrigado a adquirir, em troca de ouro, o magro carbono indispensável à movimentação do pequeno parque de progresso que conseguiu montar. Atrasou-se na maquinização da sua estrutura econômica por falta de ferro (que não tem porque não tem carbono) e igualmente adquire fora, a peso de ouro, este elemento básico.

E assim, sem ferro produzido em casa, com que se maquinizar, e sem carbono nas suas formas mais altas, com que mover a máquina, o Brasil está no que está, um pobre gigante exangue, dono de imensas possibilidades mas sem meios de desenvolvê-las. Viveu de empréstimos enquanto houve prestamistas e agora, perdido o crédito, não sabe para onde se voltar. E a miséria da sua população cresce à medida que o país cresce demograficamente. Somos quarenta milhões de pobretões; quando a população dobrar, seremos oitenta milhões de mendigos.

E esse absurdo estado de coisas de modo nenhum se modificará enquanto o problema do carbono não for COMPREENDIDO e SOLVIDO!

Um banho do brasileiro é pago em ouro ao país que lhe fornece o carvão donde sai o gás do aquecedor. Um bife, um ovo frito que coma nas capitais, custa ao país a emigração duma certa quantidade de ouro em troca do calor gasto pela cozinheira. Uma simples corrida de auto determina uma sangria de ouro em troca da gasolina que o carro queima. Daí o não enriquecimento. Os atos mais elementares da vida, os que todos os dias se repetem, ele os paga em ouro.

Esse ouro, décadas atrás, vinha de três fontes básicas, café, borracha e empréstimo. Por não termos resolvido o problema do carbono e do ferro, não resolvemos o problema do transporte eficiente no Norte do país – e lá se foi a primeira perna da tripeça econômica, a borracha. Por excesso de "proteção" governamental, fraqueia hoje a segunda perna, o café. As monstruosas taxas que o amparo acarretou vão rapidamente desenvolvendo a sua cultura em outros países, beneficiados com uma proteção que só a eles protege. A terceira perna da tripeça, o empréstimo, desapareceu em consequência da Revolução.

A tripeça está hoje com uma perna só, o café, cada vez mais carunchada e vacilante, e agora procuramos escorá-la com amarrilhos de algodão. Ora, se quando dispunha de três pernas o Brasil já mal se aguentava financeiramente, que será dele quando perder a última que lhe resta?

A situação, menos que má ou péssima, é grotesca. Já chegamos ao estágio da insolvência e caminhamos rápidos para o entrevamento econômico – o que é cômico para um país possuidor de oito milhões de quilômetros quadrados de território. E esse entrevamento virá mais depressa do que os próprios pessimistas imaginam, se não surgir um estadista de visão larga que *veja claro no problema e o solucione.*

No dia em que o Brasil se convencer de que a sua fraqueza decorre da falta da eficiência do homem que o habita, e ponderar que o crescimento dessa eficiência só pode vir com a produção do ferro (matéria-prima da máquina) e do petróleo (a fonte de energia mecânica que move a máquina), o PRIMEIRO PASSO para a sua definitiva restauração econômica e financeira estará dado.

O primeiro passo será esse – VER CLARO NO PROBLEMA. O segundo, muito mais fácil, será resolvê-lo. Como? Dando carbono ao Brasil. Que carbono? O mais alto, o petróleo. De que modo? Fazendo o que TODOS os países da América já fizeram – perfurando, PERFURANDO, PERFURANDO!

Mas perfurando de verdade, e não deixando esse serviço a cargo dum serviço geológico federal cuja política parece coincidir singularmente com a das companhias estrangeiras empenhadas em que nos perpetuemos como eternos compradores do petróleo que elas produzem...

Importamos anualmente meio milhão de contos de combustível. Breve importaremos 1 milhão.

Como se vê, não é o Brasil um mercado absolutamente desprezível para as grandes companhias abastecedoras. Daí o interesse delas em que permaneçamos eternamente fregueses.

Em virtude disso, muito logicamente e de longa data, vêm elas sugestionando a nossa opinião pública para manter o indígena convicto de que aqui não há petróleo.

Pois bem, nada as ajuda tanto nessa propaganda como a política antipetroleira do nosso Departamento Mineral cujo lema se resume nisto: *Não tirar petróleo e não deixar que ninguém o tire.*

As pouquíssimas perfurações que esse serviço fez em quinze anos de "atividade" nunca realmente visaram descobrir petróleo – e sim desmoralizar as zonas, arraigando ainda mais no espírito do povo a convicção desse absurdo que é não haver petróleo em oito milhões e meio de quilômetros quadrados do continente petrolífero por excelência. O Serviço Geológico fingia que furava e depois, com a carinha mais inocente do mundo, dizia: "Não tem. Vocês estão vendo que não tem...".

Mas era mentira. Não furava coisa nenhuma. Fingia que furava. Abria buraquinhos ridículos, insuficientes para qualquer conclusão, buraquinhos de tatu, de cem, duzentos, trezentos, quatrocentos metros, coisa que nada vale numa era em que as perfurações vão até mil e quinhentos, dois mil, três mil metros – havendo já um poço nos Estados Unidos com mais de cinco mil. Basta dizer que nos 22 poços que em quinze anos o Serviço Geológico abriu em São Paulo, a média da profundidade não passou de 425 metros – isso numa zona de planalto, seiscentos metros em média acima do nível do mar.

Além da escassíssima profundidade, quase todos esses poços se perderam em virtude da queda de trépanos, ruptura de cabos etc., fatos que usualmente aconteciam sempre que a perfuração tinha o topete de dar indícios favoráveis. Ai do poço que revelasse gás ou vestígios do odiado petróleo! Era infalivelmente *acidentado...*

Chester Washburne, o grande geólogo americano que o governo de São Paulo contratou para estudar o território do estado, apresentou um parecer luminoso, no qual diz, referindo-se a esses poços abertos pelo Serviço Geológico: *Tests completed up this time have not been located on favorable structure and have little significance.* POÇOS NÃO LOCALIZADOS EM ESTRUTURAS FAVORÁVEIS E DE PEQUENA SIGNIFICAÇÃO.

E o próprio senhor Fleury da Rocha, que hoje está à testa desse Serviço, diz no relatório que apresentou ao ministro Juarez, depois de analisar minuciosamente a obra feita em quinze anos: "TUDO ESTÁ POR FAZER". Ora, se tudo está por fazer, então é que NADA foi feito. Nada foi feito, na opinião desse homem que deve saber o que diz, justamente no período em que o petróleo teve nas três Américas a sua maior expansão! Vejamos o que os nossos colegas de continente fizeram enquanto o nosso Serviço Geológico abria em São Paulo 22 buracos de tatu e mais 43 no resto do Brasil. Ao todo, 65.

Estados Unidos

Até 1859 os Estados Unidos estiveram, como nós hoje, sem petróleo – mas PERFURARAM, e em 1927 já tinham quase um milhão de poços. Só no período de quinze anos em que abrimos os nossos 65 poços, os Estados Unidos abriram 380 mil. A média foi lá de setenta poços por dia; a média nossa foi de *quatro por ano!*

Eis o número dos poços abertos na América até 1927:

Ano	Número de poços abertos	Produção em barris	Valor em dólares
1859	4	2.000	32.000
1860	175	500.000	4.800.000
1861	340	2.113.000	1.035.668
1862	425	3.056.690	3.209.525
1863	514	2.611.309	8.225.663
1864	937	2.116.109	20.896.576
1865	890	2.497.700	16.459.853
1866	830	3.597.700	13.455.398
1867	876	3.347.300	8.066.993
1868	1.055	3.646.117	13.217.174
1869	1.149	4.215.000	23.730.450
1870	1.653	5.260.745	20.503.754
1871	1.392	5.205.236	22.591.180
1872	1.183	6.293.194	21.440.503
1873-4	2.480	20.820.731	30.747.991
1875	2.400	8.785.514	7.368.133
1876-7	6.860	22.483.032	54.772.000
1878	3.064	15.396.868	18.044.520
1879	3.049	19.914.146	17.210.708
1880	4.220	26.286.123	24.600.638
1881-2	7.192	58.011.135	49.079.000
1883-7	13.497	125.875.000	104.457.000
1888	2.127	27.612.025	17.958.000
1889-90	14.854	80.947.085	62.328.345
1891-3	13.042	153.238.378	85.383.553
1894	7.556	49.344.000	25.522.095
1895	13.069	52.892.000	57.632.000
1896	13.808	60.960.361	58.518.709
1897-8	18.182	115.839.749	85.067.431
1899	13.894	57.070.850	64.603.904
1900	15.517	63.620.529	989.000

Ano	Número de poços abertos	Produção em barris	Valor em dólares
1901	14.372	69.389.194	66.417.335
1902	15.407	88.766.916	71.178.910
1903	18.365	100.461.337	94.694.050
1904	20.261	177.080.960	101.175.455
1905	16.371	134.717.000	84.157.399
1906-8	55.838	471.116.271	341.630.668
1909	18.327	183.171.000	128.329.000
1910-11	28.708	430.006.391	261.994.440
1912	17.180	222.935.044	164.213.247
1913-14	48.727	514.208.765	451.246.603
1915	14.157	281.104.104	179.462.890
1916	24.619	300.767.157	330.899.878
1917	23.407	335.215.601	522.635.213
1918	25.687	355.927.716	703.943.961
1919	29.173	378.367.000	760.266.000
1920	33.911	442.929.000	1.360.745.000
1921	21.937	472.183.000	814.745.000
1922	24.689	557.531.000	895.111.000
1923	24.438	732.407.000	978.430.000
1924	21.888	713.940.000	1.022.683.000
1925	25.623	763.743.000	1.284.960.000
1926	29.319	770.874.000	1.447.760.000
1927	24.143	901.120.000	1.172.830.000

A produção total até 1927 havia sido de dez e meio bilhões de barris, no valor de 21 bilhões de dólares. Atualmente a produção anual americana anda pegando um bilhão de barris. O valor do petróleo produzido só em 1927, depois de refinado e desdobrado em vários produtos, ascendeu a 3 bilhões e 580 milhões de dólares.

Se tivessem por lá um Serviço Geológico da marca do nosso, estariam com apenas 65 poços e com toda essa imensa riqueza ainda oculta no seio da terra.

México

O México também não tinha petróleo, mas resolveu tê-lo, e como não se visse embaraçado por um Serviço Geológico ao tipo do nosso, pôs-se a perfurar, havendo produzido as seguintes quantidades:

1901 barris	10.000
1902 barris	42.000
1903 barris	72.000
1904 barris	120.000
1905 barris	240.000
1906 barris	480.000
1907 barris	970.000
1908 barris	3.932.000
1909 barris	2.713.000
1910 barris	3.634.000
1911 barris	11.552.000
1912 barris	16.558.000
1913 barris	25.606.000
1914 barris	26.235.000
1915 barris	32.910.000
1916 barris	40.545.000
1917 barris	55.292.000
1918 barris	63.828.000
1919 barris	87.072.000
1920 barris	163.397.000
1921 barris	193.397.000
1922 barris	182.712.000
1923 barris	149.584.000
1924 barris	139.497.000
1925 barris	114.784.000
1926 barris	90.421.000
1927 barris	64.121.000
1929 barris	50.000.000

Isto dá um total, até esse ano, de um bilhão e meio de barris, representando um valor igual a 2 *bilhões e* 250 *milhões de dólares.*

Os poços mexicanos são os mais famosos do mundo como se vê da enumeração de alguns.

Los Naranjos nº 4	40.000 barris por dia
Amatlau nº 1	50.000 barris por dia
Amatlau nº 2	80.000 barris por dia
Los Naranjos nº 10	60.000 barris por dia
Los Naranjos nº 5	50.000 barris por dia
Los Naranjos nº 9	90.000 barris por dia
Pazzi nº 5	100.000 barris por dia
Zurita nº 3	30.000 barris por dia
Chotes nº 1	60.000 barris por dia

Tapetate nº 11	50.000 barris por dia
Tapetate nº 8	50.000 barris por dia
Chapatote nº 1	50.000 barris por dia
Chimampa	60.000 barris por dia
Potrero del Llano	100.000 barris por dia

Em 1916 irrompeu o Cerro Azul nº 4, o maior do mundo, com uma produção calculada pelo doutor L. C. White em trezentos mil barris diários.

Por esses dados é possível fazer ideia da riqueza imensa que um só poço pode representar para um país, e consequentemente que crime anda cometendo contra o Brasil um departamento que *não perfura, nem deixa ninguém perfurar*. O poço Potrero del Llano produziu em dezesseis anos 118 milhões de barris de óleo, no valor de 236 milhões de dólares. Quem nos garante que a política do nosso Serviço Geológico já não impediu o surto entre nós de um Potrero del Llano?

VENEZUELA

A Venezuela também não tinha petróleo, porque todos os países começam não tendo petróleo. Igualmente não tinha um Tortulho preposto a impedir que se perfurasse. E a Venezuela perfurou e hoje é o terceiro produtor do mundo.

1917 barris	120.000
1918 barris	333.000
1919 barris	425.000
1920 barris	457.000
1921 barris	1.433.000
1922 barris	2.201.000
1923 barris	4.300.000
1924 barris	9.042.000
1925 barris	19.687.000
1926 barris	36.911.000
1927 barris	63.134.000
1928 barris	105.749.000
1929 barris	137.388.000

O valor desse petróleo foi de MEIO BILHÃO DE DÓLA-
RES, ou 6 MILHÕES DE CONTOS.[7]

Nos anos de 1928 e 1929 produziu 243 milhões de barris
no valor de *4 milhões e 360 mil contos*. Nesse período o Brasil
comprou as seguintes quantidades de petróleo e carvão, graças à
mirífica ditadura do nosso Departamento Mineral:

Óleo lubrificante	1.153.000 t	12.191.000 dólares
Carvão	2.095.000 t	10.860.000 dólares
Gasolina e Óleo Combustível	3.850.000 barris	32.406.000 dólares
Querosene	3.448.000 barris	21.055.000 dólares

ou seja, 76 MILHÕES DE DÓLARES – *1 milhão e 444
mil contos de réis ao câmbio de hoje.*[8]

Colômbia

Também não tinha petróleo, mas como igualmente não
tivesse nenhum tapume embaraçador, resolveu perfurar e começou a ter produção em 1922.

1922 barris	323.000
1923 barris	424.000
1924 barris	445.000
1925 barris	1.007.000
1926 barris	6.446.000
1927 barris	14.600.000

Ilha da Trindade

Também perfurou e começou em 1909 a ter óleo.

1909 barris	57.000
1910 barris	143.000

[7] *Dólar calculado a 12 mil-réis, esse sonho... Nota da edição de 1946.*

[8] *Dólar calculado a 19 mil-réis, essa realidade... Nota da edição de 1946.*

1911 barris	285.000
1912 barris	437.000
1913 barris	504.000
1914 barris	644.000
1915 barris	750.000
1916 barris	929.000
1917 barris	1.602.000
1918 barris	2.082.000
1919 barris	1.841.000
1920 barris	2.082.000
1921 barris	2.354.000
1922 barris	2.455.000
1923 barris	3.051.000
1924 barris	4.057.000
1925 barris	4.387.000
1926 barris	4.971.000
1927 barris	5.272.000
1928 barris	5.200.000

Em tão poucos anos, 45 milhões de barris, na valor de 90 milhões de dólares.

PERU

Também não tinha petróleo, mas deliberou tê-lo e em 1900 iniciou a produção com 274 barris, a qual foi crescendo constantemente. O petróleo obtido nos dez últimos anos foi o seguinte:

1917 barris	2.577.000
1918 barris	2.527.000
1919 barris	2.628.000
1920 barris	2.817.000
1921 barris	3.699.000
1922 barris	5.314.000
1923 barris	5.599.000
1924 barris	8.379.000
1925 barris	9.252.000
1926 barris	10.782.000
1927 barris	10.762.000

Temos aqui 65 milhões de barris em dez anos, no valor de 130 milhões de dólares.

ARGENTINA

Também não tinha petróleo. A primeira produção apreciável ocorreu em 1908 — doze mil barris. Foi num crescendo a exploração e nos dez últimos anos produziu as seguintes quantidades:

1918 barris	1.263.000
1919 barris	1.331.000
1920 barris	1.651.000
1921 barris	2.036.000
1922 barris	2.866.000
1923 barris	3.400.000
1924 barris	4.639.000
1925 barris	5.997.000
1926 barris	6.500.000
1927 barris	7.900.000
1928 barris	8.700.000

Começou explorando a zona de Comodoro Rivadavia, na Patagônia, e agora também trabalha ao norte, perto das fronteiras do Brasil. Mas com o tapa-olho que o Departamento lhe mantém no rosto, o Brasil não percebe coisa nenhuma.

CHILE

Na província de Parapaca, sul de Patilhos, são fortes as evidências de petróleo e o governo chileno acaba de completar os estudos geofísicos necessários para dar início à exploração.

EQUADOR E BOLÍVIA

As imensas reservas da Colômbia e da Venezuela prolongam-se pelo subsolo do Equador e descem para a Bolívia, onde já existem três grandes áreas em exploração – a Zona Oriental, com dezoito milhões de hectares, a Central, com cinco milhões, e a Ocidental, com um milhão.

Esse lago subterrâneo de óleo entra depois pelo Norte da Argentina e pelo Grã Chaco. Nos pantanais do Chaco as existências revelaram-se de tal importância que deram origem à terrível guerra que hoje faz gemer as agências telegráficas. Num dos capítulos do seu livro Essad Bey mostra-lhe as causas secretas.

Mas o imenso lago de petróleo do Chaco boliviano e do Chaco paraguaio teve o cuidado de respeitar a fronteira do Brasil. Não se prolonga pelo pantanal mato-grossense, que é geologicamente o Chaco brasileiro. Respeitou os limites, porque sabe que ali começa o Brasil e seria feio desmoralizar as teorias do "não há petróleo" das nossas orelhas-de-pau geológicas.

OUTROS PAÍSES

Além destes países a América ainda revelou petróleo no CANADÁ, no ALASCA, em HONDURAS, na GUIANA INGLESA, em BARBADOS, em CUBA e na TERRA NOVA.

Quer dizer que a América é um continente todo ele petrolífero, de Norte a Sul, da ponta aleutica ao extremo patagônico. Mas a Natureza, milhões de anos atrás, quando o petróleo entrou a formar-se, refletiu consigo que numa área de 8.500.000 quilômetros quadrados desse continente iria formar-se um país chamado Brasil, e determinou que o petróleo circundasse de todos os lados essa área imensa mas não lhe transpusesse as fronteiras. Eis por que não temos petróleo. A natureza previu que íamos existir e no-lo denegou por antecipação, para que nos gozássemos da delícia de sermos eternos compradores do combustível alheio.

Em 1931 um escritor de livros para crianças, impressionado com o "não há petróleo" oficial, resolveu fazer uma tentativa. Fundou uma pequena sociedade, levantou dinheiro e trouxe da América um aparelho indicador, inventado pelo doutor F. B. Romero. O aparelho foi aplicado em Alagoas e nas provas feitas na região do Riacho Doce indicou petróleo. Grande entusiasmo entre os promotores. Telegramas. Entrevistas à imprensa. Alagoas tem petróleo! O aparelho Romero deu indicações positivas! O Tortulho Geológico enfurece-se e pula para os jornais. No dia seguinte à chegada ao Rio do telegrama comunicando o feliz resultado das provas em Riacho Doce, o chefe supremo surge na primeira página d'O GLOBO. Nega a pés juntos. Jura que é mentira. Que não há petróleo lá.

Não acredito na existência de petróleo, na quantidade indicada, na zona referida, nem na eficiência do aparelho Romero, nem tampouco na sinceridade dos que procuram organizar sociedade comercial que pensa explorar os tais lençóis de petróleo.

No entanto, graças a esses ideólogos em quem o chefe não acreditava, o problema do petróleo no Brasil tomou um grande incremento.[9] Iniciou-se a abertura de quatro poços, dois dos

[9] *A situação atual das pesquisas de petróleo no Brasil é a seguinte.*

Em junho de 1932 constituiu-se em São Paulo a COMPANHIA PETRÓLEOS DO BRASIL, com o capital de 3.000 contos, propondo-se a perfurar com base nas indicações do aparelho geofísico inventado pelo doutor F. B. Romero, e também a fazer provas geofísicas para outras companhias.

As primeiras provas foram feitas em Riacho Doce, estado de Alagoas, e em consequência foi proposta ao público a formação da COMPANHIA DE PETRÓLEO NACIONAL, com sede no Rio de Janeiro e capital de 20 mil contos. As segundas provas foram feitas no município de São Pedro, estado de São Paulo, nas terras da COMPANHIA PETROLÍFERA BRASILEIRA, ainda não constituída e com o capital proposto de 20 mil contos. As terceiras provas foram feitas em Bofete, perto de Tatuí, em terras da COMPANHIA BRASILEIRA DE PETRÓLEO "CRUZEIRO DO SUL", sociedade já constituída com o capital de 6 mil contos. O estudo geofísico do doutor Romero nessas três zonas deu resultados positivos, assim confirmando as velhas previsões geológicas que davam tais zonas como petrolíferas.

A Companhia de Petróleo Nacional abriu a tomada de ações e concomitantemente iniciou perfurações em Riacho Doce; mas tal foi a campanha de descrédito que o Serviço Geológico Federal lhe moveu pela imprensa carioca, que não logrou reunir o capital necessário e teve de retardar a conclusão dos seus poços.

A Companhia Petróleos do Brasil locou o seu primeiro poço perto de Charqueada, município de São Pedro, e começou a trabalhar com uma sonda Wirth de propriedade do governo de São Paulo. Aos 1.044 metros tocou numa duríssima camada de diábase, que lhe retardou grandemente o avanço: neste momento o seu poço – o Poço do Araquá – encontra-se pouco acima de 1.070 metros.

quais neste momento já estão muito mais profundos que todos os poços federais feitos em quinze anos. O poço Balloni está com 1.215 metros e o poço do Araquá, da Cia. Petróleos do Brasil, com 1.070.

O modo de obter milho é um só – plantar milho. O modo de obter petróleo é um só – perfurar o chão. Mas perfurar de verdade, a fundo, de acordo com todas as regras da arte – e são justamente os homens oficialmente acoimados de insinceros (ou exploradores do bolso do público) que estão fazendo isso pela primeira vez no Brasil. Estão fazendo o que o Serviço Geológico deixou de fazer. Estão fazendo o que competia ao governo fazer. E o estão fazendo com o maior sacrifício, à custa das magras economias de milhares de pequenos acionistas.

No entanto, por mais benemérito que seja o esforço desses pioneiros, cujo triunfo será o triunfo do Brasil, os maiores óbices com que até aqui se defrontaram procedem justamente da campanha contra eles movida pelo serviço público que o país paga para revolver o problema!

O livro de Essad Bey virá mostrar à nossa gente o que é o petróleo, que significação tem hoje no mundo o sangue negro da terra e como é vital para a soberania dum povo dispor das suas próprias fontes de combustível líquido. Virá mostrar... Porque, por incrível que o pareça, ninguém entre nós tem a menor ideia do significado mundial do combustível líquido. E entre os homens públicos, então, a ignorância aterra – e só essa aterradora ignorância explica o abandono em que até agora ficou o problema.

Essad Bey conta da luta gigantesca empenhada entre os dois grandes *trusts* mundiais em todos os recantos de todos os continentes. Toca de leve no Brasil, apesar de haver aqui matéria para todo um capítulo.

Também no Brasil a penetração dos *trusts* se faz sentir, por mais secretamente que trabalhem. Um deles, o mais velho, estabeleceu o programa de ir adquirindo os terrenos potencialmente petrolíferos, depois de estudá-los geológica e geofisicamente.

Esta companhia foi autorizada a aumentar o seu capital para 3.500 contos, mas viu a tomada das novas ações impedida pela campanha que o Serviço Federal, empenhado em que tal perfuração fracassasse, lhe moveu em telegramas circulares à imprensa do país. Nota da edição de 1946.

Mas não adquire terras provadamente petrolíferas para explorar o petróleo – *sim para impedir que outros o explorem*. Como esse *trust* está com superprodução em seus inúmeros campos pelo mundo, não lhe convém abrir fontes no Brasil – e muito menos deixar que outros o façam. Daí a propaganda do "não há petróleo" com que manobra a bacoquice indígena e também a ação oficial.

Mas como não abrir poços nos terrenos que compra é mais fácil do que impedir que outros os abram perto, ocorreu ao *trust* uma ideia dum maquiavelismo genial. Habilíssimos, traquejadíssimos, com uma velha sabedoria vulpina de lidar com a humanidade, manobraram os nossos homens públicos e fizeram que por suas mãos inocentes fosse desferido no Brasil o grande golpe. O *trust* gestou a Lei de Minas; o nacionalismo patriótico a pariu.

Como não babaria de gozo Maquiavel, se ressuscitasse!

Os homens públicos que assinaram essa lei fizeram-no convictos de estarem defendendo da melhor maneira os nossos tesouros subterrâneos. Leis como essas são técnicas; presidentes e ministros apenas as subscrevem – não as leem. Há o pavor de meter os dentes em "matéria técnica". É tabu lá dos técnicos. Mas se acaso esses homens tivessem hoje a curiosidade de ler o que assinaram e com o seu natural bom-senso refletissem sobre o texto, haviam de ficar de cabelos arrepiados. Porque a *Lei de Minas tranca da maneira mais absoluta qualquer investigação do subsolo*. Cria tais embaraços que só um doido varrido irá perder tempo em cavoucar a terra.

A coisa é clara. Já que o *trust* interessado no petróleo do Brasil não pretendia explorá-lo, e sim apenas acaparar as terras petrolíferas para reforço das suas reservas potenciais, nada melhor do que o aparecimento de uma lei que, trancando as pesquisas em geral, só favorecesse a política secreta do *trust* em particular. E para obter uma lei dessas nada melhor do que pegar o indígena num dos seus acessos de febre nacionalista. Desse modo o *trust* afastaria os concorrentes para, com todo o sossego, ir acaparando as zonas geofisicamente estudadas.

O plano surtiu efeito completo.

A nova lei constitui o mais lindo trabalho ainda feito no mundo para manter o subsolo dum país em rigoroso estado de virgindade até o momento em que o espírito santo de orelha entenda de explorá-lo. Por essa época, então, e já dono de todos os pontos estratégicos, nada mais fácil do que mobilizar a opinião pública e denunciar o absurdo da lei, fazendo-a substituir. Quantas vezes esse *trust* já não manipulou, fez e desfez, leis de minas por este mundo de Cristo afora?

A Lei de Minas, anunciada pelos seus promulgadores como o *sésamo, abre-te* das nossas riquezas minerais, saiu um *sésamo, fecha-te!*... Fecha-te, até que todos os estudos geofísicos do *trust* estejam completos; todas as estruturas petrolíferas que lhe convenham estejam adquiridas; a atual superprodução do petróleo esteja passada; e haja para o *trust* interesse em abrir aqui novas fontes. Só então a bacoquice indígena perceberá a esparrela em que caiu, e virá com o clássico "Ora veja!".

O caso de Alagoas

No prefácio da *Luta pelo petróleo* vem pormenorizadamente o caso de Alagoas. Vou resumi-lo.

Quem primeiro estudou e afirmou o petróleo no Riacho Doce, em Alagoas, foi José Bach, um geólogo alemão residente em Maceió. Mas logo que formou uma pequena companhia para explorá-lo "foi morrido afogado" numa lagoa.

Mais tarde, Eutichio Gama e Pinto Martins retomaram a iniciativa. Mas quando Pinto, no Rio de Janeiro, estava para assinar um contrato com os ingleses, "foi suicidado" num hotel.

Anos depois Edson de Carvalho associa-se a Monteiro Lobato, Lino Moreira e outros. Retoma o negócio. Consegue fundar a Cia. Petróleo Nacional e tenta as primeiras perfurações.

O Departamento Nacional de Produção Mineral abre campanha contra a empresa. Recorre à imprensa. Procura desmoralizar os pioneiros. Assaca-lhes as maiores infâmias. Nada consegue. Edson resiste e trabalha, mas a guerra não cessa. Surgem as sabotagens descritas no meu depoimento e no de Hilário Freire, obra do senhor Oppenheim, cornaca do senhor Fleury da Rocha, chefe do DNPM. Por instigação dessa gente, um interventor federal em Alagoas abre devassa na companhia e tranca os trabalhos da sonda por catorze meses. Foi o período da ocupação militar.

Edson não desiste. Pacientemente espera que o interventor caia e venha outro. Vem Osman Loureiro. A perfuração é retomada. Mas já não há dinheiro. Edson está trabalhando sozinho, desajudado de todos, quase no fim da sua heroica resistência. De diretor da companhia passa a perfurador. Pessoalmente dirige o serviço, de mangas arregaçadas. Para obter recursos, monta a cavalo e afunda dias e dias pelos cafundós. Só lá pode vender algumas ações, porque na capital e nas cidades maiores está difamado pela campanha insistente, persistente, onipresente, da camorra federal vitoriosa.

Mas Edson resiste. Nada o abate. Levanta um pouquinho de dinheiro no sertão e volta a perfurar mais uns metros. Outra viagem a cavalo; mais uns metros. E assim vai com o poço São João até 250 metros. Súbito, irrompe um fortíssimo jato de gás de petróleo. Tinha vencido!

A notícia corre. Aflui gente de Maceió. Estabelece-se para Riacho Doce uma romaria permanente. Todos querem ver, cheirar aquele maravilhoso fluido que brota das entranhas da terra. Vai Osman Loureiro. Vão Costa Rego, deputados, jornalistas, estudantes. Todos contemplam a formidável chama que se levanta quando Edson risca um fósforo. O exame mostrou tratar-se de gás de petróleo.

A camorra federal agita-se. Que maçada! Aquela peste do poço São João podia dar panos para as mangas e estragar os negócios da Standard Oil no Brasil. Era urgente um golpe decisivo contra o perigoso Edson. Repetir em Alagoas o golpe de Fleury da Rocha contra a Companhia Petróleos do Brasil, de São Paulo. E começam no Departamento os cochichos.

Osman Loureiro, entusiasmado com o que vira em Riacho Doce, manda ao ministro da Agricultura um telegrama em que conta o auspiciosíssimo fato e pede amparo técnico. O Departamento que enviasse para lá seus grandes geólogos e engenheiros petrolíferos a fim de auxiliar o partejamento do petróleo.

Fleury olha. Entre os parteiros do serviço federal havia um mestre em abortos de poços: Bourdot Dutra. Graças à sua perícia, o Departamento abortara o poço do Tucum, em São Paulo, o infame poço que tivera o topete de dar gás e os primeiros galões de ótimo petróleo ainda revelados no Brasil. Fleury piscou o olhinho. "Vai, Dutra", disse ele. "Vai ajudar aquela gente. Você sabe o jogo." E lá seguiu mestre Bourdot Dutra.

Grande alegria em Maceió quando o parteiro desembarca.

Daquela feita o petróleo saía mesmo. Mas em vez de puxar o fórceps, Bourdot saca do bolso um ofício de Fleury da Rocha exigindo a entrega imediata da sonda federal com que Edson estava perfurando...

O escândalo foi medonho. Alagoas ergueu-se rubra de cólera. Comícios. Discursos. A imprensa pega fogo. A infâmia federal estava absolutamente clara – estava escrita, assinada pelo senhor Fleury da Rocha, o diretor do Departamento que custa ao Brasil 5 mil contos por ano e cuja missão aparente é descobrir petróleo.

Osman Loureiro revida o golpe com um telegrama histórico que aqui transcrevemos para honra de Alagoas e vexame eterno da pústula federal.

"Doutor Odilon Braga, Ministério da Agricultura.

Tenho o pesar de levar ao conhecimento de Vossa Excelência que o doutor Eugênio Dutra, enviado do DNPM, EM VEZ DE TRAZER A APARELHAGEM NECESSÁRIA PARA EXAMINAR A SITUAÇÃO DO PETRÓLEO DO RIACHO DOCE, APRESENTOU UM OFÍCIO RECLAMANDO A ENTREGA DA SONDA CEDIDA AO ESTADO PARA AQUELE FIM. A retirada da sonda no momento atual não seria somente uma decepção, EM DESABONO DO CRÉDITO DO SERVIÇO OFICIAL, SENÃO TAMBÉM A CONFIRMAÇÃO DOS RUMORES DE QUE INTERESSES OCULTOS ENTRAVAM O ANDAMENTO DAS PESQUISAS DO PRECIOSO ÓLEO. Solicitamos, pois, com vivo empenho, a revogação da ordem de retirada da sonda, garantida pelo Estado em contrato firmado, bem como a determinação de exame dos poços registrados em Riacho Doce. Atenciosas saudações.

(A) OSMAN LOUREIRO"

O escândalo repercutiu no país inteiro. A imprensa comentou-o de Norte a Sul. Todas as minhas acusações ficavam provadas de modo absoluto. E não era agora eu sozinho a proclamar a infâmia do Departamento Mineral: era um governo de estado, por intermédio da palavra insuspeita do seu governador.

O Departamento encolheu-se, roendo as unhas de ódio. Pela primeira vez inflingiam-lhe uma derrota séria. Bourdot Dutra esgueirou-se de Maceió como um camundongo ante o inesperado abrir-se de uma janela. Volta ao Rio cabisbaixo. Cochicha com Fleury e Oppenheim. "Aquela gentinha é perigosa. Não foi à toa que Floriano nasceu lá..."

Nesse entretanto escrevi a Osman Loureiro sugerindo prospecção geofísica pela ELBOF, a entidade especializada em tais estudos de maior renome no mundo. A sugestão é aceita incontinênti. O Congresso vota créditos e o governo alagoano assina contrato para três meses de estudos geofísicos na zona do Riacho Doce.

Quando essa notícia chega ao Rio, rebenta o pânico no Ministério da Agricultura. Era preciso impedir aquilo por todos os meios. Se a ELBOF fizesse estudos em Riacho Doce, os resultados iriam ser opostos aos feitos pelo Departamento – um verdadeiro golpe de morte na camorra. E começa o ataque.

O ministro oficia ao governo de Alagoas protestando contra os estudos contratados. Alega que o Departamento está pronto para fazê-los. Osman declara que o que está feito está feito e que Alagoas não voltará atrás.

O ministro oficia novamente, insistindo em que o Departamento desejava fazer estudos geofísicos em Riacho Doce e que duas turmas trabalhando ao mesmo tempo, a nacional e a dos alemães, uma atrapalhava a outra. Cada turma consta de três ou quatro elementos! Osman retruca que o contrato com os alemães, sendo de três meses apenas, ficava o resto da vida para o Departamento realizar quantos estudos quisesse. Não havia necessidade de serem feitos ao mesmo tempo e no mesmo lugar.

O ministro alega ainda que era desperdício de dinheiro dois estudos na mesma zona. Para que duas despesas, se tudo poderia se resolver com uma só? Osman responde que a despesa com os estudos alemães já estava feita e que portanto ao Ministério da Agricultura cumpria não duplicá-la. "Nós já gastamos o dinheiro; economizem vocês o seu, já que estão assim tão zelosos dos dinheiros públicos."

Raio de homem! Impossível conduzi-lo pelo nariz! Sabia o que queria e sabia querer! E o Ministério da Agricultura teve de aguentar a derrota, sob os olhares de desprezo de todo o país.

Os alemães da ELBOF cumprem o contrato. Fazem os três meses de estudos geofísicos obtendo RESULTADOS INTEIRAMENTE REVERSOS DOS FEDERAIS, como o leitor verá no depoimento de Hilário Freire.

Há um ponto a frisar. Até o caso de Alagoas as manobras sabotadoras do Ministério da Agricultura, sistemáticas, sempre se fizeram à sombra, por trás das cortinas; mas com o súbito aparecimento dos gases do poço São João tornou-se mister agir de pronto e às claras. Só um golpe desnorteante poderia salvar a situação. E o Ministério o deu, em pleno dia, aos olhos assombrados do país inteiro.

Audaces fortuna juvat, refletiam lá entre si. Mas erraram. Tudo tem fim na vida. O fim da tirania antipetroleira da camorra federal começou no momento em que Osman Loureiro redigiu o seu famoso telegrama.

Esse momento assinala o ponto final duma época e o começo duma aurora. Lá em seu túmulo Floriano sorriu. "Esse Osman é dos meus", devia ter pensado consigo o Marechal de Ferro.

E é. Sob a capa daquela mansidão infinita esconde-se o aço.

Com homens desse naipe no governo, e com homens como Edson à frente das companhias, teremos petróleo.

Honra à pequenina Alagoas!

....

Depois do incidente da sonda, houve ainda por parte do DNPM várias tentativas para impedir o estudo do petróleo em Alagoas, como o leitor verá no depoimento de Hilário Freire. Tudo falhou ante a magnífica resistência daquele povo chefiado por um homem do destino – Osman Loureiro. Graças à sua energia, foi lavrado a 25 de dezembro de 1935 contrato para estudos geofísicos com a firma Piepmeyer & Cia., seção ELBOF. Hilário Freire narra a série de entraves federais opostos à realização dos estudos. Esses entraves revelavam tal empenho em levar ao fracasso a iniciativa do governo de Alagoas que nos forçou a denunciar ao país a conspiração – e Monteiro Lobato o fez numa Carta aberta endereçada ao ministro da Agricultura e publicada em todos os grandes jornais, de Norte a Sul. Mas antes de chegarmos lá, temos ainda de insistir no caso de Alagoas.

Alagoas, São Paulo e o Brasil

Façamos um pouco de história.

Tenho de falar de mim. Eu estava na diretoria da Cia. Petróleos do Brasil, já então ferida fundo pela sabotagem do senhor Fleury da Rocha, diretor do Departamento Nacional de Produção Mineral. Apesar de esfaqueados pelas costas, prosseguíamos na abertura do poço do Araquá. No mês de agosto de 1934 havíamos vazado 213 metros, ao preço excelente de 60 mil réis por metro. O entusiasmo era grande. Mesmo ferida de morte, se a perfuração consegue mais um ou dois meses de marcha como aquela poderia alcançar a profundidade em mira.

Mas sobreveio a diábase. A diábase é uma rocha eruptiva de extraordinária dureza, que se apresenta em intrusões. Uma espécie de DNPM subterrâneo. A despeito de trabalharmos no poço vinte e quatro horas por dia, a resistência do obstáculo era tamanha que em quatro meses e meio só vazamos dezoito metros. O custo por unidade passara de 60 mil réis a 6 contos e tanto – mais cem vezes!

E o pior consistia em não termos nenhum elemento para avaliar a espessura da camada de diábase. Seria de cinquenta metros? De cem? De duzentos? Continuar perfurando por aquele preço e na incerteza da espessura era insensatez. Recurso único: o emprego da geofísica. A geofísica determinaria a espessura da diábase e portanto nos esclareceria sobre o que fazer – parar ou continuar.

Entrei em entendimentos com entidades europeias que vinham ao caso, e depois de muitas negociações obtive uma oferta excepcionalmente vantajosa. Um grupo técnico-financeiro alemão interessou-se pelo problema e apresentou uma proposta que resolveria tudo. Esse grupo propunha-se a financiar todos os trabalhos de perfuração da Cia. Petróleos e das outras empresas paulistas, a abrir quantos poços fossem necessários, a montar refinarias, a construir oleodutos e o mais relativo à criação da indústria petrolífera, tudo a ser pago por meio de porcentagem do óleo produzido. Nenhuma interferência na vida das companhias. Nenhuma exigência de controle. Apenas prestação de serviços técnicos e fornecimento de material, a serem pagos com porcentagem do produto obtido. Isso asseguraria a vitória de todas as companhias, sempre curtas de dinheiro e de técnica.

Uma coisa, entretanto, era exigida como condição *sine qua non*: o levantamento geofísico das zonas onde operavam as companhias tinha de ser feito pela entidade de confiança do grupo: a ELBOF, seção de Piepmeyer & Cia., de Cassel, Alemanha. Se os estudos da ELBOF resultassem positivos, indicando probabilidades de petróleo em quantidades comerciais, entraria em vigor o contrato de financiamento.

Mas esses estudos eram muito caros, não estando dentro das forças duma companhia já baleada no peito pelo exímio atirador Fleury da Rocha. Fui ao governador de São Paulo. Expus-lhe o caso. Mostrei-lhe a proposta alemã. Sua Excelência, depois de tudo examinar, respondeu textualmente: "O problema está resolvido. Vocês nunca tiravam petróleo porque nunca tinham dinheiro e técnica suficientes. Façam uma representação à Assembleia".

Estimuladas por essas palavras, as companhias paulistas de petróleo endereçaram à Assembleia a representação na qual se expunha o caso de todas; acentuavam os muitos milhares de contos já gastos sem que conseguissem uma só perfuração decisiva; frisavam o enigma da espessura da diábase e a imperiosa necessidade de medi-la geofisicamente; alegavam o recebimento da proposta de financiação, condicionada a estudos positivos, feitos taxativamente pela ELBOF. E concluíam pedindo que o Estado custeasse esses estudos, contratando-os com a ELBOF, unicamente com a ELBOF, pois só a ELBOF dispunha de financiamento paralelo. Estudos feitos por outra qualquer entidade não resolveriam o problema financeiro das companhias por não se articularem com financiamento nenhum.

A Assembleia votou unanimemente um crédito de 600 contos para os estudos pedidos.

Muito bem. Por solicitação das companhias a ELBOF apresentou a sua proposta. *Mas assim que essa proposta deu entrada na Secretaria da Agricultura, imediatamente os Interesses Ocultos se moveram e mais duas propostas, não pedidas por ninguém, não desejadas de ninguém, puras intrujices, apareceram.* Entraram por baixo do pano – e não sabemos por que milagre foram admitidas em igualdade de condições com a proposta ELBOF, solicitada pelas companhias como a única tábua de salvação de todas elas.

O jogo tornou-se logo bastante claro. *Era preciso afastar a proposta ELBOF. Por quê? Porque tinha financiamento atrás e com financiamento as infames companhias paulistas eram bem capazes de tirar petróleo e... e...*

O DNPM interveio para "orientar" o governo de São Paulo. Era indispensável impedir que São Paulo cometesse aquela "criançada" de Osman Loureiro – a criançada que valeu a passagem do saudoso *Non ducor, duco* de Piratininga para a lapela de Alagoas.

E tudo se paralisou. Mais de um ano já se passa da minha conferência com o governo. Mais de sete meses já decorreram da promulgação da lei votada sobre os estudos geofísicos – e nada de nada de nada. O governo de São Paulo está pensando...

Enquanto São Paulo pensa, Alagoas age.

Quando percebi, logo depois de votada a lei paulista, que íamos ter luta e sabotagem, voltei-me para Alagoas. Enderecei ao interventor Osman Loureiro uma carta expondo a questão e frisando a vantagem para Alagoas de promover estudos geofísicos pela ELBOF. A resposta me surpreendeu. Não foi a resposta clássica do "vamos ver, vamos pensar" e outras capadoçagens assim. *A resposta foi a imediata apresentação à Assembleia alagoana dum projeto de lei autorizando ao Executivo a contratar a prospecção geofísica.*

Dias depois de recebida a minha sugestão estava a lei votada! Essa foi a resposta que esse extraordinário Osman Loureiro deu a uma simples carta que lhe escrevi...

Tudo lá voou a galope. O contrato foi assinado prontamente. Se há cágados no Brasil, não é em Alagoas.

Os Interesses Ocultos deram pinotes. As tais propostas não convidadas, aparecidas em São Paulo, correram a meter-se lá também, por baixo do pano. Ofereciam vantagens miríficas. Umas tentações. Osman Loureiro murmurou apenas: "Quando a esmola é demais, o santo desconfia" – e mandou arquivá-las.

No depoimento de Hilário Freire vem a história da luta contra a ELBOF em Alagoas. O Ministério da Agricultura saltou em campo: "Não! Não! Não!". Osman Loureiro, filho legitimíssimo daquela terra de Floriano, respondeu: "Sim! Sim! Sim!".

É fácil influenciar gente gorda, porque o gordo tem banhas a perder. O alagoano é magrinho, seco, enrijado pelo sol terrível do Nordeste. O alagoano é florianesco. O Ministério teve de recuar. O DNPM meteu o rabo entre as pernas. Esbarrara numa diábase inédita – a diábase do civismo...

Consequência: parte da zona do Riacho Doce já está geofisicamente estudada e com resultados ótimos. Tudo quanto o DNPM tinha assente sobre aquela geologia foi revogado. Era mentira. Era sabotagem.

O DNPM sempre jurou que o "cristalino" (a camada granitoide final, eruptiva, onde não pode haver petróleo) estava muito próximo da superfície, e portanto a zona era inadequada para o acúmulo do petróleo.

As medições geofísicas provaram o inverso. Provaram que o cristalino está abaixo de mil metros e que, portanto, a espessura das camadas de sedimentos (onde o petróleo se forma) é arquibastante para o acúmulo de tremendas quantidades de petróleo.

O DNPM também jurava que o asfalto seco ou semilíquido encontrado nos lençóis de xisto do Riacho Doce provava apenas que o petróleo *existira* por lá em priscas eras, havendo-se evaporado até a última gota. Eram "primários", aqueles lençóis de xisto.

Mentira. O relatório da ELBOF mostra o inverso. São lençóis "secundários", provenientes de reservas petrolíferas subterrâneas.

E tudo o mais assim. Os estudos dos alemães vieram comprovar o que José Bach proclamava, e mostrar ao país que as afirmativas do DNPM só valem quando tomadas em sentido diametralmente oposto.

Graças à visão, decisão pronta, energia e hombridade de Osman Loureiro e Edson de Carvalho, o pequeno estado nordestino vai ter petróleo, vai enriquecer-se tremendamente, vai exportá-lo até para São Paulo — se na sua solene gravidade São Paulo persistir em pensar em vez de agir. E pensar com que cabeça, santo Deus! Com as cabecinhas malandras do DNPM!...

Os Interesses Ocultos são poderosíssimos, oniscientes e onipresentes. Controlam os bancos. Controlam o mundo. Daí as inesperadas e invencíveis resistências antipetrolíferas que os pioneiros encontram de todos os lados, sobretudo nas zonas já bastante desenvolvidas economicamente. Os pioneiros só poderão vencer atacando as linhas de menor resistência – os estados de gente magra.

Bendita sejas tu, ó sadia magreza alagoana!

Os primeiros mártires do petróleo

José Bach, um incompreendido sábio alemão que o Destino fez encalhar em Alagoas, levou treze anos a estudar aquele trecho da costa nordestina e a fazer levantamentos geológicos. Com base nesses estudos, proclamou a tremenda riqueza oleífera do Riacho Doce. – "Há aqui petróleo para abastecer o mundo", dizia sempre. E formou uma modesta empresa.

Súbito, morre afogado. Ao atravessar um braço de lagoa, conduzido por um canoeiro que não era o habitual, a embarcação revira e o pobre sábio perece. O canoeiro limitou-se a um banho.

Dias antes, a 26 de agosto de 1918, havia Bach enviado ao chefe de polícia de Alagoas o seguinte apelo:

"EXCELENTÍSSIMO SENHOR:

Achando-me com minha família residindo em Garça Torta, onde exerço as funções de diretor técnico da Empresa de Minas Petrolíferas, e achando-me sem garantias pessoais e materiais, venho solicitar de Vossa Excelência as necessárias providências, a fim de que sem receio possa aqui residir e exercer minhas funções.

Agradecendo desde já as acertadas providências de Vossa Excelência, subscrevo-me etc.

DOUTOR JOSÉ BACH

O desaparecimento de Bach retardou de muitos anos a mobilização do petróleo do Riacho Doce.

Temos aqui o mártir número 1 do petróleo brasileiro.

Mais tarde um senhor de Maceió adquire da viúva Bach os estudos e direitos do infeliz geólogo e associa-se com Pinto Martins para a renovação da iniciativa. Pinto Martins era um rapaz de vistas amplas. Segue para Londres. Negocia. Volta para o Rio de Janeiro por ar, direto de Nova York, num voo notável para os tempos. O povo o aclama herói nacional. O Congresso concede-lhe um prêmio de 200 contos, que ele não chega a receber. *"Suicida-se" antes disso num quarto de hotel, sem que ninguém compreendesse semelhante tragédia.*

Era o petróleo. Na véspera do "suicídio" Pinto Martins havia telegrafado ao seu sócio em Maceió: *"Negócio fechado; assinarei contrato dentro três dias"*. A sua papelada – mapas, relatórios e mais estudos de José Bach em seu poder – tudo desapareceu do hotel...

Pinto Martins: mártir número 2 do petróleo nacional.

Em junho último descobre-se no Recife que dois caribios andavam aliciando capangas para uma "caçada de gente" em Riacho Doce. A chefatura de Alagoas é informada de que a vida de Edson de Carvalho corria perigo. A polícia monta guarda à casa do pioneiro e à sonda. O golpe falha.

O nome do terceiro mártir do petróleo alagoano ficou em branco.

Barzaretti, engenheiro italiano, faz estudos de petróleo em Mato Grosso e consegue contratos de terras. Anuncia que o petróleo do Pantanal vai ser explorado. Súbito, em Campo Grande, uma bala o pega. Tiro mortal. E de bons efeitos práticos: ninguém mais falou no petróleo mato-grossense.

Barzaretti, primeiro mártir do petróleo de Mato Grosso.[10]

O doutor Romero dizia sempre: – "Lidar com petróleo é agarrar um leão pela cola".

De fato. O tremendo vulto do negócio, com suas mil *implications* diretas e indiretas, determina uma terrível organização de defesa, ofensiva e defensiva. Os *trusts* descobrem meios até de legislar em terra alheia, sob a égide do mais puro nacionalismo.

[10] *Há ainda o "suicídio" de Harry Koller em Buenos Aires (ver página 92). Foi outro mártir do petróleo brasileiro. Nota da edição de 1946.*

*Autógrafo de José Bach, pedindo providência
à polícia por sentir-se ameaçado.*

Os pioneiros sabem que o petróleo é leão; mas também sabem de casos em que o leão do petróleo foi vencido.

Certo mau empregado dum banco da Holanda atracou-se um dia com o maior leão de todos os tempos – Rockefeller, o leão que tinha as quatro patas assentes sobre todo o petróleo do mundo. Esse mau empregado de banco chama-se hoje Sir Henry Deterding. Criou o Segundo Poder Mundial do Petróleo porque teve a inaudita coragem de atracar-se com o feroz Rei do Petróleo. Em vez de ser comido, virou leão também. O petróleo do mundo cindiu-se em duas metades. Passou a ser governado despoticamente por dois leões.

Anos depois os russos se atracaram à cola desses dois leões; e porque tiveram essa tremenda coragem, criaram o Terceiro Poder Mundial do Petróleo – o Óleo Vermelho. E o Reino do Petróleo passou daí por diante a ser governado por três leões.

Por que não nos atracarmos à cola desses três leões, e não criarmos o Quarto Poder Mundial do Petróleo – o Óleo Verde-Amarelo?

O valor bruto do bilhão de barris que cada ano os americanos extraem do seio da terra é muitas vezes maior que o valor do café, do boi, do fumo, da borracha, do algodão, do milho e todas as mais quitandas que o Brasil produz. E o valor final desse petróleo desdobrado em seus produtos e transformado em trabalho mecânico é, num ano, maior que o de tudo quanto o Brasil produziu desde os primeiros açúcares coloniais até hoje.

Ora, com uma cubagem de subsolo equivalente à do subsolo americano, o Brasil terá dentro dele uma reserva de óleo equivalente. Por que, então, vacilarmos? Por que não atirar-nos à Riqueza, ao Poder, à Dominação Financeira?

Por que resignar-nos ao apodrecimento na miséria, na bancarrota, no descrédito eternos?

Sonho?

Antes de ser o que é, o Primeiro Poder Mundial do Petróleo foi um sonho de John Rockefeller.

Antes de ser o que é, o Segundo Poder Mundial do Petróleo foi o sonho dum empregadinho de banco.

Antes de ser o que é, o Terceiro Poder Mundial do Petróleo foi o sonho duns exilados russos.

Não há no mundo grande realização que não comece pelo sonho. O sonho é a própria realização em estado potencial. É a nebulosa difusa e confusa donde saem os mundos.

Com as montanhas de ferro que possui e com o que existe de óleo em suas entranhas, o Brasil pode passar, da grotesca situação que hoje ocupa no mundo, à plana dos grandes países. Basta que arrede do seu caminho os obstáculos que os Interesses Ocultos amontoaram: – DNPM enervantes, as leis-ratoeiras e mais patifarias de igual naipe.

Só isso. O resto virá lógica e naturalmente.

Carta aberta ao ministro da Agricultura

POR QUE O BRASIL NÃO TEM PETRÓLEO

"Senhor ministro: – Há coisa de um ano o abaixo-assinado enviou ao senhor presidente da República uma séria denúncia contra a sabotagem sistemática que de muito tempo o Serviço Geológico, hoje rebatizado em Departamento Nacional de Produção Mineral, vem exercendo contra o petróleo brasileiro. Essa denúncia acusava o Departamento de ter como divisa: "Não tirar petróleo e não deixar tirá-lo"; acusava-o de falsear os resultados geológicos e geofísicos a fim de desanimar as pesquisas promovidas pelas companhias nacionais; de haver substituído a velha Lei de Minas, liberal e exequível, por um mostrengo sesquipedal que impossibilita de maneira absoluta qualquer exploração do subsolo; de tudo fazer, em suma, para que o Brasil se perpetue, *per omnia secula*, como mercado comprador do petróleo estrangeiro, para regalo dos *trusts* que no-lo vendem. Decorria daí o fato grotesco de, no continente petrolífero por excelência, que é a América do Sul, *todos os países terem petróleo, exceto justamente o maior de todos – o nosso.*

O senhor presidente da República transmitiu essa denúncia ao senhor ministro da Agricultura para as necessárias providências. Como o tempo se passasse e não viesse nenhuma, o signatário resolveu repeti-la, desta vez à nação, por meio do prefácio escrito para o livro de Essad Bey, *A luta pelo petróleo.*

Esse prefácio abalou o público pensante, fazendo a imprensa abrir-se em comentários severamente desfavoráveis ao Departamento Nacional de Produção Mineral. O qual Departamento, em vez de chamar à responsabilidade o "caluniador", limitou-se a uma comunicação aos jornais, bastante chilra, que concluía desta maneira: *"Quanto às acusações aleivosas, formuladas por aventureiros de má-fé, estamos certos de que a Comissão de Inquérito sobre o Petróleo, solicitado pelo ministro da Agricultura ao presidente da República, saberá apurar a verdade e apontar à Nação os nomes que devem ser punidos pela Justiça".*

Os aventureiros de má-fé claro que eram, em primeiro lugar, o autor do infame prefácio, e, em segundo, os heroicos pioneiros que à frente das companhias nacionais procuravam, com tremendo esforço, dar petróleo ao Brasil.

Criminosa aventura de má-fé, sonharem com um Brasil poderoso, rico, liberto para sempre da sangria anual de meio milhão de contos, que é quanto lhe custa não haver ainda mobilizado as tremendas reservas de óleo que indubitavelmente possui. Infâmia suprema: atreverem-se a denunciar, com provas na mão, a camorra enquistada no Departamento Nacional com o fim expresso de impedir que o grande objetivo seja alcançado.

Senhor ministro: os aventureiros de má-fé cujos nomes deverão ser apontados à Justiça estão dentro do Departamento Nacional, não fora. Vamos fundamentar a afirmação.

Antes de mais nada, porém, é mister esclarecer um ponto. Esse famoso Departamento Nacional de Produção Mineral, que custa ao país mais de 5 mil contos por ano, é um organismo composto de numerosas peças. Umas ornamentais apenas, de mera função decorativa, como o seu diretor-geral. Outras técnicas, mas simplesmente burocráticas. Existem, todavia, duas peças mestras que estão para o resto do organismo como o cérebro humano está para o corpo. São elas o diretor da Geofísica, Mister Mark Malamphy, e o diretor de Geologia, Mister Victor Oppenheim. Peças mestras, senhor ministro, porque um é o *detentor em primeira mão* dos resultados dos estudos geofísicos; e o outro é o *detentor em primeira mão* dos resultados aos estudos geológicos. *Esses dois homens, portanto, dispõem, sempre de primeira mão, de todos os segredos do subsolo nacional, revelado pela Geofísica e pela Geologia.* Conjugados, formam a cabeça do Departamento, a cabeça de onde tudo emana – sejam as determinações do diretor-geral, sejam as instruções do ministro da Agricultura.

E tão íntima é a associação desses dois hemisférios cerebrais do Serviço Geológico, que acabaram constituindo uma firma comercial para uso externo – Malamphy & Oppenheim. O endereço telegráfico dessa firma é – *Malop. Mal,* primeira sílaba de Malamphy, e *Op,* primeira sílaba de Oppenheim. Ora, um cérebro é um cérebro; e por maior que seja um corpo, tem, em todas as suas partes, de subordinar-se ao cérebro. Daí o fato de o pomposo Departamento Nacional de Produção Mineral reduzir-se hoje a uma simples dupla – à dupla *Malop.* Quem quer negócios de subsolo no Brasil não procura o Departamento; procura *Malop.*

Mas, senhor ministro, donde vieram esses homens e que fazem?

Vieram diretamente do *trust* que tem como ponto de programa conservar o Brasil em "estado de escravização petrolífera". Com que fim? Retardar, se não impedir, o nosso 13 de Maio econômico. Por que meio? Transformando um serviço público que nos custa 5 mil contos por ano em mero instrumento dos Interesses Ocultos contrários a que o Brasil seja produtor de petróleo. Indague o senhor ministro da procedência desses homens e assombre-se da nossa infinita ingenuidade.

Que fazem?

Anunciam em revistas estrangeiras, para uso de quem lá fora queira apossar-se das terras petrolíferas brasileiras, os serviços profissionais da firma Malamphy & Oppenheim. Vendem, pois, os segredos do subsolo nacional, de que são detentores em primeira mão. Se o senhor ministro tem dúvidas, mande consultar as coleções do *Professional Directories of Mining and Metallurgy,* de Nova York, bem como as do *Mining Magazine,* de Londres. Lá encontrará a dupla *Malop* oferecendo ao estrangeiro segredos do subsolo nacional conseguidos à custa dos 5 mil contos anuais arrancados a um pobre povo na miséria.

Mas, senhor ministro, se essa prova não for considerada bastante, o signatário poderá apresentar outra, de esmagadora evidência. Poderá apresentar no inquérito a abrir-se o original de uma carta de Mister Mark Malamphy, em resposta à consulta dum americano interessado em adquirir terras petrolíferas no Brasil. A consulta do americano foi provocada pela leitura dos anúncios da *Malop* feitos nas revistas indicadas.

A tradução dessa carta é:

"Prezado senhor: Sua carta de 4 de outubro foi recebida ontem, ao voltar do campo. Espero que me perdoará a inevitável demora em respondê-la.

Algum tempo atrás, Mister Oppenheim e eu fizemos anúncios no *Professional Directories of Mining and Metallurgy*, de Nova York, e no *Mining Magazine*, de Londres. Mas há um ano fomos obrigados a suspender esses anúncios, em parte por motivos políticos e mais especificamente porque os trabalhos decorrentes dos nossos contratos com o governo nos impossibilitavam de aceitar outras obrigações naquele tempo.

Relativamente aos seus amigos interessados nas possibilidades do petróleo no Brasil posso dizer que teremos muito prazer em oferecer a nossa cooperação para qualquer empresa legítima que tiverem em vista. Mister Oppenheim anda atualmente ocupado numa investigação geológica no vale do Alto Amazonas e não pode ser alcançado neste momento, mas estou seguro de que também concordará com isto.

Se quiser avisar seus amigos para se comunicarem comigo e darem-me uma ideia geral dos planos que têm em vista, eu terei prazer em discutir com eles o auxílio que poderemos prestar-lhes.

Em relação à nossa integridade profissional devo dizer que tanto Mister Oppenheim como eu somos membros do American Institute of Mining Engineers e da American Association of Petroleum Geologists, estando com os nossos papéis arquivados nas secretarias dessas entidades técnicas. Também sou membro da Society of Petroleum Geophysicists e da American Geophysical Union. Qualquer informação desejada a esse respeito poderá ser obtida de Mister A. B. Pearson, secretário da AIME, Nova York, rua 39 West, nº 29.

Esperando nova comunicação sua e de seus amigos, e agradecendo o incômodo que teve para encontrar o meu endereço, subscrevo-me sinceramente seu – Mark C. Malamphy – Rua Prudente de Moraes, 451.

P. S. Nosso endereço telegráfico é: *Malop* – Rio."

Será possível, senhor ministro, prova mais clara do que o signatário vive afirmando? Essa carta revela apenas uma abertura de negociações com um freguês novo. Quantas muito mais positivas não existirão nos arquivos secretos das entidades estrangeiras namoradoras do petróleo que "oficialmente não temos", e que por todos os processos se vão apossando das nossas terras petrolíferas para utilização futura? E no entanto, senhor ministro, é por meio da firma *Malop* que o diretor-geral do Departamento se orienta e induz a orientação do ministro da Agricultura!...

A política dos grandes *trusts* mundiais de petróleo em relação ao petróleo do Brasil consiste em "acaparar" as terras potencialmente petrolíferas depois de à nossa custa estudá-las geológica e geofisicamente por intermédio da dupla *Malop*. Essas terras, "já adquiridas em enormes quantidades", se destinam a ficar como reservas para futuro aproveitamento, quando vierem a extinguir-se os campos que os *trusts* atualmente exploram. E nesse intervalo – cinquenta anos ou um século – que fique o nosso pobre Brasil na miséria, a combater comunismos filhos da miséria e a despender meio milhão de contos anuais na compra do combustível indispensável à sua economia. E mais 5 mil contos para benefício pessoal de *Malop*...

Senhor ministro: o signatário não é um difamador. Não passa dum humílimo escritor de livros para crianças que viu claro o complô tramado contra as riquezas do nosso subsolo e por todos os meios o vem combatendo – já com a promoção de companhias nacionais que abram perfurações, já por meio de insistente denúncia da camorra que embaraça e impede a vitória dessas empresas. É um homem que não se conforma com o fato de os Estados Unidos extraírem do seu subsolo mais de 100 milhões de contos por ano e o Brasil, com um subsolo equivalente, não extrair coisa nenhuma.

Não é um aventureiro de má-fé, senhor ministro. Bem ao contrário, é a criatura de maior boa-fé que possa existir, ingênuo a ponto de esperar que suas palavras sejam lidas e meditadas por um ministro da Agricultura. E também leal, porque essa criatura de boa-fé sabe ver no senhor ministro uma boa-fé irmã da sua, filhas ambas da natural honestidade de que ambos são dotados. Porque num homem tão culto, tão bem formado intelectualmente como Odilon Braga, unicamente a boa-fé das almas limpas pode explicar o fato de vir se deixando enganar pela manhosa camorra enquistada no Departamento Nacional. O crime é na realidade tão monstruosamente cínico que a um espírito reto como o do senhor ministro repugna admiti-lo. Mas a carta que acaba de ler é de molde a abrir os olhos até a cegos de nascença.

Mais um ponto a esclarecer, senhor ministro, e este referente ao caso de Alagoas. Em seu comunicado de 5 do corrente, dado à imprensa, o senhor ministro transcreve a conclusão do relatório do senhor Bourdot Dutra sobre a manifestação de petróleo dada pelo poço de 308 metros que o antigo Serviço Geológico abriu em Riacho Doce muitos anos atrás. Bourdot confessa o encontro dos primeiros petróleos. Pois bem: está aí um ponto que o inquérito prometido tem de apurar. Por que motivo esse poço foi abandonado? Se a sondagem fora feita para descobrir petróleo e o petróleo começara a aparecer, por que motivo a sondagem não foi levada por diante? Por que motivo está parada há tantos anos? Por que motivo o Departamento anda a procurar petróleo no Alto Amazonas (onde ainda que jorre nos será de nenhum valor devido às dificuldades de transporte), quando o Departamento sabe existir petróleo em Riacho Doce, a cem metros do mar, a catorze quilômetros dum porto de exportação – Maceió?

Isto quer dizer, senhor ministro, *que o petróleo já foi revelado no Brasil há muitos anos* – mas que a sua descoberta vem sendo sabotada. O prejuízo que tal sabotagem causou ao país, a quanto montará, senhor ministro? Dez, 20, 100 milhões de contos? Mande fazer a conta, senhor ministro, de quanto o Brasil despendeu na aquisição de petróleo estrangeiro, desde a data da abertura, em Riacho Doce, dessa sondagem reveladora de petróleo (como o confessa o próprio Departamento pela boca do senhor Dutra), até hoje. Só aí encontrará uma soma de vários milhões de contos – soma que representa uma cota mínima no prejuízo fantástico que vem dando ao país a política negativa e sabotadora dos "aventureiros de má-fé" alapados no Departamento Nacional.

Era este, senhor ministro, o depoimento que o signatário desejava prestar no inquérito sobre o petróleo. A estranha demora em dar-se início a tal inquérito leva-o a vir depor em público, fazendo sinceríssimos votos para que o senhor ministro reflita a fundo – e resolva como a sua consciência de homem de bem o determinar.

(A) MONTEIRO LOBATO

A impressão dessa denúncia foi tremenda. Não houve jornal que a não comentasse em termos candentes. O ministro da Agricultura viu-se forçado a tomar providências – e surgiu a Comissão de Inquérito sobre o Petróleo nomeada por decreto presidencial a fim de apurar os fatos da denúncia. Essa Comissão ficou constituída pelos senhores Joviano Pacheco, general Meira Vasconcelos, comandante Ary Parreiras, engenheiros Lima e Silva e Pires do Rio, ao qual coube a presidência.

A essa Comissão o ministro da Agricultura apresentou "AS BASES PARA O INQUÉRITO", onde reuniu sobre o problema do petróleo no Brasil todos os elementos que o DNPM houve por bem lhe fornecer.

O doutor Pires do Rio oficiou a Monteiro Lobato pedindo que depusesse – e Monteiro Lobato o fez por escrito, pela forma que segue.

Depoimento de
Monteiro Lobato

EXCELENTÍSSIMO SENHOR DOUTOR PIRES DO RIO
PRESIDENTE DA COMISSÃO DE INQUÉRITO SOBRE O
PETRÓLEO

Atendendo ao convite de Vossa Excelência, venho trazer o meu depoimento escrito no qual presumo provar todas as arguições que avancei na "Carta aberta" ao senhor ministro da Agricultura, publicada, sob o título "Por que o Brasil não tem petróleo", em vários jornais, em 13 de fevereiro deste ano.

Minha primeira afirmação foi que o serviço federal de minas tem como divisa NÃO TIRAR PETRÓLEO E NÃO DEIXAR QUE O TIREM.

1) NÃO TIRAR...

O "não tirar" provou-se, precipuamente, pelo fato de não o haverem tirado nos quinze anos decorrentes da primeira perfuração até hoje. Graças a isso permanecemos na ultragrotesca situação de único grande país das Américas sem petróleo próprio. Mas a prova absoluta do "não tirar" temo-la no *programa de perfurações adotado*, pois dentro desse programa também não se tiraria petróleo em nenhum outro país do continente. Se não, vejamos.

Pelo "Quadro Geral" das perfurações para petróleo feitas nesse lapso de quinze anos, publicado em apenso nas BASES PARA O INQUÉRITO, verificamos que elas montaram a 65, somando 16.826 metros, ou seja, uma média de 258 metros para cada poço. Houve uma de 768 metros em São Paulo e uma de 723 no Pará. Seis pararam na casa dos quinhentos. As restantes, muito abaixo disso. E com base nos resultados negativos desses poços, *ia ficando assente a não existência do petróleo nas zonas perfuradas.*

Alego que, se esse programa fosse executado nas principais zonas de petróleo dos Estados Unidos, da Argentina ou da Bolívia, também lá não seria encontrado petróleo.

Tomemos o caso de Alagoas. A região do Riacho Doce de longos anos vinha sendo considerada petrolífera por todos os geólogos que a examinaram. O serviço federal resolve tirar a prova e para isso abre lá seis poços, respectivamente, de 41, 78, 130, 155, 220 e 245 metros. A conclusão aparente, está claro, foi não haver petróleo. Mas se esses seis poços fossem abertos no Oklahoma, no Texas, na Califórnia, no México, na Argentina, na Bolívia ou na Venezuela, bem em cima dos melhores mananciais de petróleo lá existentes, *também não teriam revelado petróleo em todos esses países e distritos.* Podemos classificá-las de perfurações de *não achar petróleo,* tão rasas são.

Na Bahia foram igualmente abertos seis poços, o mais profundo com 387 metros. Esses seis poços colocados sobre o riquíssimo campo de petróleo de Monterey, na Califórnia, *também seriam negativos, porque não alcançariam o lençol petrolífero lá existente.*

Inútil prosseguir nesta demonstração. É clara demais. E se em vez de 65 apenas, o serviço federal houvesse aberto 65 mil perfurações com essa média de profundidade, os resultados seriam igualmente negativos – negativos aqui e em numerosos dos mais possantes campos petrolíferos do mundo. Ora, tal programa de perfurações pouco profundas, e, portanto, inconclusivas, só pode ocorrer a um serviço que tenha como lema não tirar petróleo. Não o tirou no Brasil, não o tirará nunca e *não o tiraria ainda que operasse nos melhores campos petrolíferos da América.*

Mas a intenção de não tirar petróleo prova-se também com um fato concreto dos mais interessantes. Na minha "Carta aberta" afirmei que "o petróleo já fora revelado no Brasil, mas que sua descoberta vinha sendo sabotada". Vou provar o asserto com a apresentação de dois documentos. O primeiro é um trecho do relatório apresentado em 1926 ao ministro Lyra Castro pelo senhor Eusébio de Oliveira, então diretor do Serviço Geológico. Diz ele: "ESTADO DE ALAGOAS. O Serviço Geológico até hoje não conseguiu vencer as grandes dificuldades que se têm apresentado nas sondagens de Riacho Doce devido à natureza extremamente friável das camadas e às dobras caprichosas, as quais, facilitando o escorregamento das camadas, fazem que o furo diminua de diâmetro, inutilizando a perfuração. Nas sondagens ali executadas (Riacho Doce) TEM SIDO ENCONTRADO PETRÓLEO LIVRE. Por isso e pela possibilidade de encontrar outros sistemas geológicos abaixo da conhecida série de Alagoas (cretáceo superior ou terciário), *a execução dessa perfuração até atingir as rochas cristalinas é perfeitamente justificável*, sendo sem fundamento as críticas que, do ponto de vista científico, têm sido feitas à execução desse furo".

O segundo documento é a cópia fotográfica das páginas 330 e 331 do "Livro de Perfuração" desse poço, datadas de 5 e 7 de novembro de 1922. Na cota dos 285 metros o perfurador anota o seguinte: XISTO MUITO MOLE, SAINDO MUITO ÓLEO (anexo nº 1).[11]

Temos, aqui, portanto, uma página do "Livro de Perfuração" (que é a caderneta de campo do trabalho) *provando a revelação do petróleo já em* 1922; e temos o relatório do senhor Eusébio de Oliveira afirmando o encontro de PETRÓLEO LIVRE nos poços de Riacho Doce. Não se trata mais de simples impregnação betuminosa, nem de vestígios de óleo. Trata-se *daquilo que se procurava*, daquilo para cujo encontro a sondagem estava sendo feita: PETRÓLEO LIVRE e SAINDO MUITO.

Com esses documentos provo minha afirmativa de que o petróleo do Brasil já foi revelado há muitos anos. E para provar a segunda parte, isto é, que sua descoberta vem sendo sabotada,

---

[11] *Esse "Livro de Perfuração", que devia estar nos arquivos do Departamento, milagrosamente fora parar nas mãos de Edson de Carvalho. Nota da edição de 1946.*

basta o fato do estranho silêncio que envolve esse poço alagoano. Silêncio tão grande que até nas BASES PARA O INQUÉRITO, que o ministro organizou para uso da Comissão do Inquérito, *nada consta a respeito.*

O senhor Eusébio declara que para prosseguir naquela perfuração tinha necessidade de tubos de revestimento (e talvez por não obtê-los interrompesse o trabalho); declara que o aprofundamento do poço até alcançar o cristalino era perfeitamente justificável, não só devido ao encontro de petróleo livre como também por outras razões de ordem geológica; declara ainda sem fundamento científico as críticas feitas em contrário. Por sua vez o perfurador atesta que o poço estava dando muito óleo. Pois, apesar disso, dezesseis longos anos já se passaram sem que a perfuração fosse retomada. Os tubos de revestimento não apareceram. A sonda foi desmontada e removida. O estado de Alagoas viu-se riscado do rol das zonas onde vale a pena perfurar. Aquele PETRÓLEO LIVRE, SAINDO MUITO assustou o senhor Fleury da Rocha. Daí o seu novo grito de guerra: Rumo ao Acre!

Por quê? Por que razão num poço aberto para encontrar petróleo suspende-se o serviço justamente quando o petróleo é atingido? Por que motivo a sonda foi desmontada e retirada a despeito da categórica afirmação do diretor do Serviço Geológico de que fora encontrado petróleo livre e era perfeitamente justificável prosseguir no furo até alcançar o cristalino? Por que não foi dada a esse relatório de Eusébio de Oliveira a mesma larguíssima divulgação que o Departamento dá a tudo quanto nos é desfavorável em matéria de petróleo? Por que esse relatório não é citado nas BASES PARA O INQUÉRITO?

Há mais ainda. Por que misteriosa injunção esse poço de Riacho Doce – o ÚNICO ABERTO NO BRASIL QUE DEU PETRÓLEO SAINDO MUITO – não figura na lista geral das sondagens que vem apensa às BASES PARA O INQUÉRITO?

No quadro parcial entre as páginas 63 e 64 mencionam-se dois poços em Riacho Doce, ambos com 165 metros, um com o número de ordem de 42 e outro sem número. Já na "Lista Geral" esse poço 42 aparece com 220 metros, um aumento de 55 metros. O segundo poço de 165 metros não figura na "Lista

Geral". No quadro da página 64 reaparece o poço 42 de novo com 220 metros, mas sem nenhuma indicação na coluna "Perfis ou Resultados". Nada de petróleo livre ainda.

Entre as páginas 75 e 76 temos outro quadro parcial em que se menciona um poço em Riacho Doce sem número de ordem e com profundidade incerta. Está lá "trezentos (?) metros". Quer dizer que o Departamento ignora a profundidade exata desse poço; não sabe se realmente chegou a trezentos metros, o que aliás não o impede de declarar na coluna "Perfis ou Resultados": "*Aos trezentos metros ainda ocorriam argilitos e folheados betuminosos*". Do petróleo livre, nada de nada de nada.

Como explicar esta ausência, esta desordem nos poços de Alagoas, esta discrepância com o que afirma Eusébio de Oliveira e confirma o "Livro de Perfuração", senão como o desempenho fidelíssimo do programa de NÃO TIRAR PETRÓLEO?

O objetivo duma perfuração para petróleo, em todos os tempos e em todos os países do mundo, sempre foi encontrar petróleo – exceto no Brasil. Entre nós, quando se abre uma perfuração para petróleo e se encontra PETRÓLEO LIVRE SAINDO MUITO, para-se, fecha-se o poço, desmonta-se e remove-se a sonda – e sonega-se o fato até a um ministro que pede ao Departamento dados para a organização de bases para um inquérito!...

Por mero acaso o depoente se acha em situação de requerer a juntada aos autos desses documentos; se não fora esse acaso, como poderiam os juízes decidir com acerto? E que segurança têm os juízes de que outros documentos desta ordem, isto é, favoráveis ao petróleo, não foram igualmente sonegados ao senhor ministro?

O poço aberto em Charqueada, São Paulo, foi o mais profundo dos 65 perfurados. Alcançou 768 metros. No quadro entre as páginas 83 e 84 esse poço figura sem observação nenhuma na coluna "Perfis ou Resultados". Mas se a Comissão for examinar-lhe o perfil verá que deu bastantes sinais de óleo depois dos setecentos metros. Um acidente impediu-o de ir além. Tudo levava a crer que os indícios encontrados induzissem ou a salvar-se o poço ou abrir-se outro ao lado. Nada disso aconteceu.

Muitos fatos semelhantes poderia eu aduzir para provar que o lema do Departamento é realmente NÃO TIRAR PE-TRÓLEO NEM DEIXAR QUE O TIREM, mas parecem-me suficientes os apresentados. Com a política de perfurações pouco profundas adotada, o serviço federal não tirou petróleo aqui e não o tiraria no Oklahoma. E com a política de suspender a perfuração logo que o petróleo se revela em estado livre, o serviço federal não tirará petróleo aqui nem o tiraria no Texas, nem em Baku, nem na Califórnia, nem na Pérsia, nem na Argentina, nem na Bolívia, nem na Venezuela, nem em parte nenhuma deste ou de qualquer outro mundo do nosso sistema planetário ou de todos os outros mundos de todos os sistemas planetários do universo.

... E NÃO DEIXAR QUE O TIREM

Vejamos agora a segunda parte do lema. Para demonstrar esta segunda parte vou limitar-me à apresentação de dois fatos, um relativo à Companhia Petróleos do Brasil e outro relativo à Companhia Petróleo Nacional.

A Petróleos do Brasil deliberara perfurar na zona de São Pedro de Piracicaba, onde geólogos e geofísicos eram unânimes em apontar possibilidades de petróleo. Foi lá que o antigo Serviço Geológico abriu maior número de perfurações, infelizmente pouco profundas e portanto inconclusivas. Fazia-se necessário naquela zona um poço profundo. A Petróleos resolveu abri-lo. Seria o poço do Araquá. Programando-o para dois mil metros (ou mais, se preciso fosse), a Petróleos prestaria com essa sondagem um serviço de extraordinário valor para a nossa geologia, qual fosse, tirar a limpo a hipótese de Washburne, o emérito geólogo americano em tempo contratado pelo governo de São Paulo. Em seu relatório, Washburne sugeria o seguinte:

"Uma possibilidade atraente para o DESENVOLVI-MENTO DE GRANDES POÇOS DE PETRÓLEO DE PRIMEIRA QUALIDADE é dada pela possibilidade da presença do folhelho devoneano no centro e no oeste do estado. Deduz-se isso de considerações especulativas, como o encontro de PETRÓLEO VERDE LEVE, EM QUATRO POÇOS, e da presença, em todos os flancos da bacia do rio Paraná, dos arenitos devoneanos inferiores, que na Bolívia se sotopõem ao folhelho oleogênico".

C. W. WASHBURNE,
PETROLEUM GEOLOGY OF SÃO PAULO

Para alcançar o seu objetivo a Companhia Petróleos montou um campo de primeira ordem, o mais completo que ainda se viu no Brasil, com acomodações ótimas para operários e pessoal técnico superior, laboratório químico, enfermaria, serviço dentário etc.; entregou a superintendência dos trabalhos de campo a um engenheiro de alta capacidade, com muitos anos de prática em Comodoro Rivadavia e assegurou a assistência contínua dum químico-geólogo de renome. Nenhuma precaução foi desprezada.

Pela primeira vez o Brasil ia ter um poço iniciado com vinte e quatro polegadas de diâmetro, em condições técnicas permissoras de um avanço inédito pelo subsolo adentro. A sonda Wirth era das mais potentes, dispondo de grande cópia de tubos de revestimento e de excelente oficina mecânica. A direção, honestíssima. Os diretores haviam desistido dos seus honorários para que os recursos da empresa se empregassem exclusivamente nos trabalhos de campo.

A abertura do poço do Araquá correu muito bem até mil e quarenta e quatro metros, cota em que esbarrou numa camada de rocha eruptiva de excepcional dureza – a diábase. O rendimento da perfuração, que no mês anterior ao encontro da diábase fora de nove metros por dia, caiu a centímetros. O avanço mensal passou a ser de três a quatro metros. As despesas se agravaram. A espessura da camada excedia a todas as expectativas. Meses correram naquela luta até que o capital da companhia chegou ao fim. Tornou-se necessário um refinanciamento.

Reunidos os acionistas em assembleia, foi autorizado um aumento de capital, e em 21 de outubro de 1934 saiu o Manifesto (Anexo nº 1 das BASES) em que eram oferecidos ao público mais 500 contos de ações. O manifesto teve boa acolhida. A tomada de ações começou a fazer-se satisfatoriamente. Foi quando o Departamento Nacional interveio maliciosamente, desferindo mais um dos seus venenosos golpes sabotadores. Dias depois de publicado o Manifesto, todos os jornais de importância estampavam o célebre comunicado do senhor Fleury da Rocha, transcrito à página 27 das BASES. Dizia ele:

> 1) As transcrições de resultados e opiniões do DNPM sobre o problema de Pesquisa do Petróleo em São Paulo, feitas pela Cia. Petróleos do Brasil em "Manifesto para Aumento de Capital" de 21 do corrente, no jornal *O Estado de S. Paulo*, estão truncadas, não tendo sido interpretadas dentro do espírito geral dos trabalhos de onde foram extraídas.
>
> 2) O DNPM não se pronunciou sobre as opiniões do geólogo Washburne; transcreveu-as em retrospecto histórico.
>
> 3) A fiscalização do DNPM junto à sondagem do poço São Pedro I, da Cia. Petrolífera Brasileira, incorporada por Angelo Balloni, não endossa a ocorrência de impregnação de óleo nos horizontes citados, afirmada pela Cia. Petróleos do Brasil.
>
> 4) O DNPM ainda não tem motivos para se armar do otimismo da Cia. Petróleos do Brasil sobre o grave problema da existência e pesquisa do petróleo em São Paulo e no Brasil Meridional, conforme longamente tem explanado em pareceres divulgados pelos principais jornais do país, em abril e maio do corrente ano.
>
> 5) Dentro de poucas semanas serão publicados os resultados geofísicos definitivos sobre a região de São Pedro, assim como a opinião do técnico especialista em petróleo sobre o problema da sua existência no Sul do Brasil.
>
> 6) O DNPM não oculta o alto valor estratigráfico e geológico que poderá advir com a continuação da sondagem da Cia. Petróleos do Brasil, em Charqueada, sob a

sábia fiscalização da Comissão Geográfica e Geológica do Estado de São Paulo.

Estava desferido contra o poço de Araquá o golpe de morte, apesar do "alto valor que poderia advir da sua continuação etc.". Fácil avaliar a repercussão dessa ducha, à qual o senhor Fleury deu publicidade inversa à do relatório de Eusébio de Oliveira sobre o encontro de petróleo livre em Alagoas. Se a Comissão ler atentamente o Manifesto da Cia. Petróleos e logo em seguida o insidioso comunicado, verá com que má-fé foi feito, e que clara era a intenção de ferir a companhia no momento melindroso em que apelava para mais dinheiro. A Comissão verá que o Manifesto se havia baseado nas conclusões dum recentíssimo relatório sobre as pesquisas de petróleo em São Paulo que o senhor Fleury apresentara ao ministro Juarez e fora publicado *meses antes* no Boletim do Ministério da Agricultura (Anexo nº 2 das BASES). Mestre Fleury concluía assim:

PETRÓLEO DEVONEANO. "A pesquisa do petróleo originário e localizado nos sedimentos pré-glaciais não metamórficos não foi objeto de consideração por parte dos serviços técnicos federais no estado de São Paulo. Washburne despertou a atenção para o problema com as seguintes palavras: '*Uma possibilidade atraente para o desenvolvimento de grandes poços de petróleo de primeira qualidade é dada pela possibilidade da presença do folhelho devoneano no centro e no oeste do estado. Deduz-se isto do encontro de petróleo verde, leve, em quatro poços e da presença, em todos os flancos da bacia do rio Paraná, dos arenitos devoneanos inferiores que na Bolívia se sotopõem ao folhelho oleogênico*'. Como tudo está para ser feito, fácil será seguir um programa racional e eficiente. Uma fase intensa de reconhecimento estratigráfico, tectônico e magnetométrico, deverá ser iniciada para facilitar à Diretoria de Minas um conhecimento que lhe falta sobre o devoneano. Com os dados provenientes dum estudo exaustivo dessa ordem poderá ser organizado um plano de poucas sondagens profundas, capazes de atingir o arqueano, executadas por sondas combinadas, com o diâmetro inicial de vinte e quatro. É necessário que a Diretoria de Minas disponha de recursos que lhe permitam levar avante um programa racional, CAPAZ DE DAR AO BRASIL A MAIS AGRADÁVEL SURPRESA. E não seria justo que se afastassem por momentos essas indagações, uma vez que se TRATA DE FORMAÇÃO GEOLÓGICA COEVA DA QUE NO NORTE DA ARGENTINA E SUDOESTE DA BOLÍVIA FORNECE CAMPOS PETROLÍFEROS EM FRANCA EXPLORAÇÃO, CONSTITUINDO RENDOSA INVERSÃO DE CAPITAIS."

Este homem, que na conclusão do seu relatório cavalga com tanto entusiasmo a hipótese do petróleo devoneano aventada por Washburne, e admite que com perfurações profundas poderia ter o Brasil a mais agradável das surpresas, é o mesmo que no comunicado sabotador nega que haja encampado as ideias de Washburne e confessa pessimismo quanto ao petróleo do Sul do Brasil!

Quem o arrastou a mudar? Quem influiu nesse homem para o levar a tão completo repúdio das ideias da véspera? Resposta: o famoso, o celebérrimo Victor Oppenheim, o trampolineiro corrido da Argentina, o judeuzinho de Riga que depois de sabotar o poço São João, em Riacho Doce, recebeu como paga passar a oráculo supremo do Departamento Nacional. Era ele o "técnico especialista" cuja opinião o senhor Fleury anunciava para breve no quinto item do seu comunicado.

A opinião anunciada não tardou. Vou reproduzi-la para enlevo d'alma da Comissão, que poucas ocasiões terá de deliciar-se com a melhor salada russa. Numa comunicação apresentada pelo senhor Fleury da Rocha ao major Juarez, apareceu a grande peça oppenheímica.

"Em relatório que oportunamente será apresentado servos-á esclarecida a origem de supostas estruturas definidas pelo geólogo Ch. Washburne. Com efeito, foram elas resolvidas em simples deformações locais por injeções lacolíticas ou de falhas e fazem parte, antes, de um processo magmático do que da deformação estrutural por dobramento da massa continental da crosta terrestre. O processo diastrófico permotriássico e postriássico não foi, porém, orogênico. O escudo, ou seja, o maciço meridional não se consolidou após o colapso triássico do processo orogenético, ou, mais claramente, por compressões tangenciais que desenvolvessem *stresses* ou estados de tensões favoráveis à reconstrução da crosta pela transformação termodinâmica do trabalho mecânico em reajustamentos moleculares de ordem físico-química. Dessa forma é o fenômeno de polimerização de substâncias hidrocarbonáceas contidas nos sedimentos de que resulta o petróleo. Acontece, porém, que os fenômenos diastróficos, cujos prolegômenos se verificaram na sedimentação permotriássica, tiveram caráter disruptivo. O maciço meridional, por efeito isostático, sofreu deslocamentos verticais, cujo efeito foi o cisalhamento em direções de menor resistência. A consequência natural seria um verdadeiro naufrágio de blocos continentais no *substratum* basáltico que se insinuou pelas fendas e se derramou pela superfície. O resultado foi a consolidação do maciço novamente, cujos blocos e fragmentos foram soldados pelas injeções e derrames. Não obstante isso, verifica-se um processo em vaso aberto de franca comunicação com o exterior; de tal modo toda a matéria volátil destilada do horizonte do Iraty teria escoado e se perdido por combustão em contato com o ar, ou arrastada em forma de vapores pelas correntes de ar. O que ficou de tal hecatombe ciclópica foi um resíduo asfáltico impregnando formações areníticas."

E por aí além.

Com base nesse *morceau de roi* que daria a Molière tema ótimo para um *pendent* às *Precieuses ridicules*, surge a conclusão fulminante de mestre Fleury: "*A região de São Pedro é, do ponto de vista geológico, estratigráfico e tectônico, francamente negativa para futuras pesquisas de petróleo, confirmando, na estrutura local, o caráter dum 'graben'".*

Não entro na apreciação científica de tal conclusão; disso se encarregou Chester Washburne na crítica publicada no boletim da American Association of Petroleum Geologists (Anexo nº 2), onde se demonstra a desonestidade científica de Fleury-Oppenheim. Limito-me a produzir o fato como justificativa das minhas arguições. Esse departamento, tão secretivo quando se trata do encontro de petróleo livre, tão lerdo em todos os seus movimentos, sabe correr, sabe espalhar aos quatro ventos as boas peças negativistas que consegue, ainda que cheirem a pilhéria geológica como essa de Fleury-Oppenheim. Por quê? *Porque é necessário sabotar sempre, e porque naquele caso era necessário impedir que fossem por diante as duas perfurações profundas que se faziam em São Pedro – a da Petróleos e a da Cia. Petrolífera.*

Nunca, em país nenhum do mundo, o conhecimento das convulsões dum subsolo, ocorridas milhares de séculos atrás, atingiu a exatidão matemática que Fleury & Oppenheim demonstram relativamente àquele trecho do território paulista. Dessa exatidão matemática decorre o peremptório da conclusão final: NÃO EXISTE PETRÓLEO EM SÃO PEDRO. E no entanto esses dois homens sabem muito bem que tanto a geologia como a geofísica não dispensam o "fato" da sondagem. Só a sondagem esclarece em definitivo. Só a sondagem diz a última palavra. Não tem conta o número de sondagens que vieram desmentir a pedanteria pernóstica dos geólogos de encomenda. Numa das últimas publicações da American Association of Petroleum Geologists acentua-se fortemente este ponto – que apesar dos progressos da geologia e da geofísica é ainda a sondagem a suprema esclarecedora.

O *animus sabotandi* do comunicado e do anfiguri do senhor Oppenheim é manifesto. Aquilo foi arranjado como bomba para arrasar a Petróleos e impedir a continuação do poço do Araquá. Pois, por que motivo, sendo o Brasil tão grande, o Departamento manda aferventar estudos oppenheímicos justamente em redor daquela sondagem? Por que não os fez no Acre? Se tinha realmente interesse na geologia da zona de São Pedro, por que não esperou que a Companhia Petróleos concluís-se o poço e com ele fornecesse um ponto de referência, um corte do subsolo, de valor inestimável para qualquer conclusão geológica definitiva?

Mas esse golpe – isto é, a condenação formal da zona de São Pedro – não foi bastante para derrubar a Companhia Petróleos. E o Departamento colocou-se na tocaia, de trabuco em punho, à espera de nova oportunidade. Essa oportunidade veio. Foi o Manifesto da companhia pedindo mais capital ao público.

A Comissão que leia o Manifesto e em seguida o Comunicado. Ressaltará claríssima a intenção de sabotagem. Era o meio prático de assustar o público, de impedir o refinanciamento e desse modo quebrar as pernas da companhia.

O objetivo foi alcançado. O poço do Araquá teve de interromper-se aos mil e setenta metros. Mas qual a verdadeira vítima do insidiosíssimo golpe? O Brasil. A Petróleos tentava solver um problema em que o Brasil era um milhão de vezes mais interessado que ela. Embaraçando-a, impedindo-a de verificar a verdade da hipótese de Washburne, o Departamento sabotou a solução dum problema eminentemente nacional e de extraordinária importância para o Brasil. Graças ao senhor Fleury a hipótese de Washburne permanece ainda hoje hipótese. Graças ao senhor Fleury, o petróleo porventura existente naquele ponto não pôde ser produzido. Graças ao senhor Fleury, mil e muitos contos da pequena economia popular, gastos na perfuração, foram destruídos.

Mas não há negar que esse homem é profundamente lógico. Já que o lema do Departamento é NÃO TIRAR PETRÓLEO E NÃO DEIXAR QUE O TIREM, como poderia agir de outro modo?

Nas BASES o senhor ministro procura defender as "boas intenções" do grande lógico. Não havia ali hostilidade, diz santamente o ministro. O Departamento estava apenas convencido do "erro" da Cia. Petróleos (erro em abrir uma perfuração profunda, dentro do programa do próprio senhor Fleury da Rocha!). Permitir o refinanciamento seria "sacrificar inutilmente a empresa, prejudicando os seus acionistas" etc.

Estas razões lembram as dos inquisidores que queimavam vivos os hereges com o piedoso intuito de evitar efusão de sangue. O Departamento destruiu a Petróleos de dó dos acionistas da Petróleos...

Mas ter dó de acionistas é lá função do Departamento? Que tem ele com a vida e os negócios das empresas particulares? Quem o erigiu em fiscal de sociedade por ações? Que função policial é essa, não prevista na lei das sociedades anônimas, nem em nenhuma outra lei brasileira?

Mais uma prova da intenção sabotadora daquele comunicado temos no artigo difamatório que sob o título "Os mistificadores do petróleo" andou publicando pela seção livre de vários jornais o senhor Henry Leonardos, vogal de outro Leonardos que faz parte do Departamento. Diz esse alto-falante no trecho marcado em vermelho no Anexo nº 3:

> "Mas um dia o dinheiro acabou. Daí novo apelo ao patriotismo paulista. DESTA FEITA, PORÉM, A POLÍCIA FEDERAL TEVE NO MAJOR JUAREZ TÁVORA UM BOM 'G-MAN' E A TRAMOIA FOI PUBLICAMENTE DENUCIADA NUM COMUNICADO DELICADÍSSIMO DO DEPARTAMENTO NACIONAL. Diante das palavras do doutor Fleury da Rocha... o público se retraiu."

A "tramoia" era o poço do Araquá, a mais perfeita perfuração ainda tentada no Brasil, a de maior diâmetro, a dirigida por maiores competências técnicas, a que se enquadrava perfeitamente no programa de perfurações profundas do senhor Fleury, a que ainda que não desse petróleo seria de valor inestimável para esclarecer a hipótese da presença do devoneano em São Paulo – hipótese de capital importância para todas as pesquisas subsequentes.

Há na Comissão dois membros que visitaram o campo de Araquá e poderão testemunhar o capricho e a seriedade com que eram conduzidos os trabalhos (Anexo nº 4). Se esses senhores voltassem àquele acampamento, hoje transformado em tapera, sentir-se-iam de coração confrangido. O pai dessa tapera, quem é? O senhor Fleury da Rocha, piedoso diretor do Departamento Nacional de Produção Mineral.

Outro exemplo revoltante de sabotagem da iniciativa privada temos no caso da companhia de Alagoas. Desde o dia em que essa empresa foi proposta ao público no manifesto inaugural dos incorporadores, entrou a sofrer a mais odiosa campanha de imprensa. Os incorporadores ainda não tinham feito nada; haviam apenas proposto ao público um negócio, qual fosse, a abertura de sondagens em Riacho Doce. Apesar disso, era de *scrocs* o mínimo de que os acoimavam. Quem promoveu essa campanha? O Departamento Nacional. Não há jornalista carioca que desconheça o fato.

A despeito, porém, da campanha infame, apareceu dinheiro e os trabalhos de campo tiveram início. Edson de Carvalho, o chefe, deu começo à abertura dos primeiros poços em Riacho Doce. Ocorrem azares. Perdem-se as sondagens iniciais. Cometem-se todas as faltas próprias da inexperiência. Mas obstáculo nenhum foi de molde a desviar Edson da realização do seu objetivo. Insistia, persistia, resistia. Todos viram que, com o tempo, a vitória fatalmente tinha de coroar tamanha tenacidade.

Em dado momento o senhor Malamphy corre em "auxílio" da empresa alagoana. Insinua a Edson de Carvalho a entrega da direção técnica dos serviços ao seu sócio Victor Oppenheim. Insiste durante oito meses e acaba vencendo a resistência de Edson. Oppenheim assume a direção dos trabalhos da Cia. Nacional, em Riacho Doce. O que foi a ação sabotadora desse homem na Cia. Petróleo Nacional, a outro compete dizer, não a mim. Limitar-me-ei apenas a produzir um fato que mais uma vez corrobora a minha proposição de que o lema do Departamento é NÃO TIRAR PETRÓLEO E NÃO DEIXAR QUE O TIREM.

Depois de inutilizar, por desvio do prumo, o poço de São João, que já ia a meio caminho, mestre Oppenheim abandona a companhia e vem ao Rio receber o prêmio do belo serviço feito. Recebeu-o. É admitido no Departamento Nacional com grandes honras, tornando-se desde esse dia o Oráculo de Delfos do senhor Fleury da Rocha, o Orientador Supremo, o Homem que Diz a Última Palavra. Merecia a recepção que teve. Dera na empresa alagoana um golpe irmão do que ia dar na empresa paulista. *Qui ressemble s'assemble*. Fleury e Oppenheim passaram a entender-se maravilhosamente.

Mas o golpe do judeu de Riga não fora suficiente para destruir a teimosíssima companhia alagoana. Edson de Carvalho, seu heroico promotor, insiste em salvar o poço São João e, sozinho, desajudado de tudo, já completamente esgotado de recursos financeiros, consegue esse milagre, anulando assim a obra sabotadora de mestre Oppenheim. Salva o poço e continua a perfurar.

Ao verificar isso, o Departamento espumeja de cólera. Era demais. Era desaforo! Era uma infâmia – e dum conciliábulo secreto Fleury e Oppenheim combinam contra a empresa alagoana um golpe mortal. Oppenheim, representando o Departamento, insinua-se na confiança do capitão Afonso de Carvalho, interventor recém-nomeado para Alagoas, e consegue provar-lhe, entre cochichos, que a Cia. Petróleo Nacional era uma tramoia igual à Petróleos do Brasil. Resultado: *o interventor manda fechar a sonda, mete soldados de guarda e abre severíssima devassa nos negócios da empresa*.

UM ANO E DOIS MESES ficou o acampamento ocupado militarmente, sem que Edson de Carvalho nele pudesse penetrar. Enquanto isso, a odiosa devassa se processava em Maceió. Nada foi apurado contra a honestidade dos incorporadores. Os cochichos de Oppenheim não passavam de mais uma de suas muitas infâmias. Afinal o interventor Afonso de Carvalho é substituído e Edson consegue reentrar na posse do acampamento. O resto a Comissão já deve saber pelos informes do governador Osman Loureiro.

Não quero entrar em detalhes. Para a minha tese basta o fato da ocupação militar da sonda durante catorze meses e da devassa ilegalíssima feita nos negócios da Nacional. Quem promoveu isso – esse ato franco de miserável sabotagem? O Departamento. Por quê? Porque a ABERTURA DO POÇO SÃO JOÃO VIRIA DESMASCARAR A SABOTAGEM FEITA NO TAL POÇO DE RIACHO DOCE QUE DEU PETRÓLEO LIVRE "SAINDO MUITO". Esse poço aberto em 1922 está localizado na mesma estrutura, a poucos metros do atual poço São João...

Se os senhores juízes tomarem o depoimento do hoje major Afonso de Carvalho, ficarão perfeitamente esclarecidos sobre este ponto.

Mais uma prova: A Lei de Minas

Não contente com a ação direta contra o petróleo, o Departamento concebeu um meio indireto de IMPEDIR DA MANEIRA MAIS ABSOLUTA QUE ALGUÉM TIRE PETRÓLEO NO BRASIL. Esse meio é a atual Lei de Minas, a obra mestra do Departamento. Se a Comissão se der o trabalho de estudar aquele cipoal dantesco de embaraços, de exigências absurdas, de burocracias desesperantes, de centralização grotesca, verá que a aplicação dos dispositivos do mostrengo é praticamente impossível.

Confessadamente, esses embaraços foram criados para impedir que os *trusts* estrangeiros se apossassem das riquezas do nosso subsolo. Mas como para embaraçar os estrangeiros fosse necessário também embaraçar os nacionais, resultou o que temos hoje: o trancamento da exploração do subsolo tanto para os nacionais como para os estrangeiros: *exatamente o que os* trusts *queriam*, como demonstrarei mais adiante.

As restrições e limitações que a Lei de Minas estabeleceu com o intuito de barrar a entrada dos *trusts* de fora caíram sobre a cabeça dos nacionais. Os *trusts* estrangeiros riram-se, piscaram o olho e, à sombra da Lei-Cipó, entraram a acaparar as terras potencialmente petrolíferas, não para explorá-las, o que dentro da nova Lei de Minas lhes é impossível, mas a fim de tê-las como reservas para o futuro – para quando o petróleo de outros países vier a escassear. E esse acaparamento de terras vai segregando da possível exploração as melhores zonas de petróleo que o Brasil possui.

Os interesses estrangeiros

Mas será verdade que os *trusts* estrangeiros não querem, no momento, tirar petróleo no Brasil, nem querem que o nacional o tire? Vou provar este ponto. E provado esse ponto a Comissão verá que a nova Lei de Minas se ajusta de tal modo ao interesse declarado dos *trusts* que até parece uma lei de encomenda. O Departamento do senhor Fleury inspirou ao major Juarez Távora uma lei sob a medida exata do que os *trusts* que nos abastecem de petróleo queriam! Como não hão de rir-se os americanos da nossa infinita ingenuidade!

Em 1934, estando eu na direção da Cia. Petróleos, recebi uma carta da Argentina assinada por Harry Koller, ex-geólogo da Standard Oil de lá. Depois de contar a sua situação naquela companhia, da qual vinha de afastar-se por motivos que expunha, Koller oferecia os seus serviços profissionais. E com a inocência própria aos cientistas, desdobrou inteiro o panorama da política de petróleo que a Standard adotara em relação ao Brasil. Diz ele em certo ponto: "Depois de servir quatro anos nos serviços geológicos da Companhia Geral Pan-Brasileira de Petróleo (Standard Oil Co. Argentina S/A), durante os quais percorri todas as possíveis zonas petrolíferas (potenciais), localizando mais de doze estruturas nos diferentes estados do Brasil, tenho a perfeita convicção da primordial necessidade de uma prolixa investigação magnetométrica nas zonas de interesse. Tenho já os suficientes conhecimentos estratigráficos para seguir nos trabalhos de localização, coisa de muito interesse, VISTO A CAMPANHA DE ORGANIZAÇÃO E CONTRATOS ATUALMENTE EXECUTADOS PELA COMPANHIA, considerando que só a Cia. Geral de Petróleo Pan-Brasileira e OUTRA já possuem mais de dois mil alqueires de terras sobre anticlinais de primeira classe em São Paulo e no Paraná, muito especialmente na famosa Paraná Arch. É ÓBVIO QUE AS COMPANHIAS IMPORTADORAS NÃO TÊM INTERESSE NO DESENVOLVIMENTO DAS FONTES DE PETRÓLEO QUE O BRASIL INDUBITAVELMENTE POSSUI, IN-

TERESSANDO-LHES MAIS, DADA A ATUAL SUPERPRO-
DUÇÃO DOS DIVERSOS *FIELDS* EM EXPLORAÇÃO, A
ESCRAVIZAÇÃO PETROLÍFERA DO BRASIL. É PORÉM
EVIDENTE QUE, DADAS AS ATUAIS CONDIÇÕES, AS
EMPRESAS AMERICANAS TÊM DE ACAPARAR O SOLO
POTENCIALMENTE PETROLÍFERO PARA ASSIM DE-
FENDER OS SEUS NEGÓCIOS DE IMPORTAÇÃO, DO
QUE RESULTA O INTERESSE QUE DEMONSTRAM EM
IMPEDIR A EXPLORAÇÃO".

A despeito da má redação própria dum estrangeiro mal
seguro da nossa língua, essa carta tem o extraordinário valor
de abrir o quadro inteiro da política petrolífera dos *trusts* em
relação ao Brasil. Para melhor compreensão vou reproduzi-la
com esclarecimentos e interpretações entre parênteses. "De-
pois de servir quatro anos no Brasil (SÓ ESTE GEÓLOGO
TRABALHOU AQUI PARA OS *TRUSTS* DURANTE QUA-
TRO ANOS. QUANTOS MAIS NÃO FIZERAM O MES-
MO?) nos serviços geológicos da Companhia Geral de Petróleo
Pan-Brasileira (Standard Oil Co. Argentina S/A). (AQUI ELE
DENUNCIA QUE ESSA CIA. GERAL NÃO PASSA DUMA
TESTA DE FERRO DA STANDARD OIL DA ARGEN-
TINA, O TENTÁCULO DA STANDARD OIL CO. QUE
CONTROLA OS INTERESSES DO POLVO NO BRASIL),
durante os quais percorri todas as possíveis zonas petrolíferas
(potenciais), localizando mais de doze estruturas nos diferentes
estados do Brasil – (KOLLER CONFESSA QUE SÓ ELE LO-
CALIZOU MAIS DE DOZE ESTRUTURAS PETROLÍFE-
RAS EM DIFERENTES ESTADOS. QUANTAS MAIS NÃO
FORAM LOCALIZADAS POR OUTROS GEÓLOGOS? E
A QUEM PERTENCERÃO HOJE AS TERRAS ONDE FO-
RAM LOCALIZADAS TAIS ESTRUTURAS? ESTÁ CLARO
QUE OS ESTUDOS E LOCALIZAÇOES NÃO FORAM
FEITOS POR ESPORTE. O OBJETIVO, COMO KOLLER
DECLARA ADIANTE, ERA ACAPARAR O SOLO POTEN-
CIALMENTE PETROLÍFERO) – tenho a perfeita convicção
da primordial necessidade de uma prolixa investigação mag-
netométrica nas zonas de interesse. Tenho já os suficientes co-

nhecimentos estratigráficos para seguir (ELE QUERIA DIZER PROSSEGUIR) nos trabalhos de localização, coisa de muito interesse (PARA A CIA. PETRÓLEOS, A QUAL ELE ESTAVA OFERECENDO OS SEUS SERVIÇOS), visto a campanha de organização e contratos atualmente executados pela companhia (QUER DIZER QUE ISSO TINHA MUITO INTE-RESSE PARA NÓS BRASILEIROS EM VIRTUDE DA CAM-PANHA DE ORGANIZAÇÃO DO ACAPARAMENTO DO SOLO POTENCIALMENTE PETROLÍFERO E DE CON-TRATOS DE SUBSOLO FEITA PELA "COMPANHIA", ISTO É, PELA PAN-BRASILEIRA, TESTA DE FERRO DA STANDARD) considerando que só a Cia. Pan-Brasileira e outra (TALVEZ A CIA. PAN-AMERICANA DE PETRÓLEO, CUJA VIDA É MISTERIOSA) já possuem mais de dois mil alqueires de terras sobre anticlinais de primeira classe em São Paulo e no Paraná, especialmente na famosa Paraná Arch. É óbvio (PARA ELE É ÓBVIO; SÓ NÓS NÃO VEMOS ISSO) que as companhias importadoras (REFERE-SE ÀS COMPANHIAS AMERICANAS FILIADAS AOS *TRUSTS* DE PETRÓLEO, AS QUAIS SE CONSTITUEM AQUI DE ACORDO COM AS NOSSAS LEIS PARA SEREM INTERMEDIÁRIAS NA DISTRIBUIÇÃO DO PETRÓLEO AMERICANO) não têm interesse no desenvolvimento das fontes de petróleo que o Brasil indubitavelmente possui (SÓ O BRASILEIRO TEM DÚVIDAS SOBRE O PETRÓLEO DO BRASIL) interessando-lhes mais, dada a superprodução dos seus diversos *fields* em exploração, a escravização petrolífera do Brasil – (ISTO É, A PERPETUAÇÃO DO BRASIL COMO COMPRADOR DE PETRÓLEO. DE FATO, UM COMPRADOR QUE GASTA NISSO MAIS DE MEIO MILHÃO DE CONTOS POR ANO NÃO É FREGUÊS DE DESPREZAR. ACHO COMER-CIALÍSSIMO QUE OS *TRUSTS* TENHAM ESSA POLÍ-TICA DE ESCRAVIZAÇÃO PETROLÍFERA DO BRASIL. MOSTRA QUE SÃO BONS NEGOCIANTES. O RIDÍCU-LO, O TRÁGICO É DEIXARMO-NOS EMBAIR E IRMOS NOS PERPETUANDO NA IDIOTÍSSIMA SITUAÇÃO DE ÚNICO PAÍS DA AMÉRICA SEM PETRÓLEO PRÓPRIO, ENQUANTO OS *TRUSTS* NOS ACAPARAM AS TERRAS

PETROLÍFERAS POTENCIAIS). É, porém, evidente que, dadas as atuais condições (ISTO É, O MOVIMENTO PRÓ--PETRÓLEO QUE ALGUNS PIONEIROS NACIONAIS ANDAVAM A PROMOVER EM SÃO PAULO E ALAGOAS, PODENDO DAR PETRÓLEO DUM MOMENTO PARA OUTRO), as empresas americanas têm de (SÃO FORÇADAS A) acaparar o solo potencialmente petrolífero (COMPRAR AS TERRAS OU FAZER CONTRATOS DE SUBSOLO) para assim defender os seus negócios de importação (ISTO É, PARA MANTER O BRASIL COMO MERCADO COMPRADOR DE PETRÓLEO AMERICANO), do que resulta o interesse que demonstram em impedir a exploração (KOLLER TOCA NUM PONTO VITAL AQUI. O INTERESSE DESSAS ENTIDADES INTERESSADAS EM NOSSA ESCRAVIZAÇÃO PETROLÍFERA MANIFESTA-SE DE MIL MODOS, SEMPRE EM FORMA DE EMBARAÇO A TODAS AS TENTATIVAS NACIONAIS DE PESQUISA DE PETRÓLEO E NADA COINCIDE MAIS COM ESSE INTERESSE DO QUE A POLÍTICA DO "NÃO TIRAR E NÃO DEIXAR QUE TIREM" DO NOSSO DEPARTAMENTO NACIONAL DE PRODUÇÃO MINERAL).

Harry Koller ingenuamente confessa[12] tudo que há quatro anos venho afirmando pela imprensa. Confessa o programa dos *trusts*, nossos abastecedores de petróleo, de manter o Brasil em estado de escravidão petrolífera. Confessa a campanha de organização e contratos para o acaparamento das boas estruturas com o fim de impedir que os nacionais as explorem. Confessa a intensidade com que estudam nossa geologia e adquirem terras. Confessa o interesse que demonstram em impedir a exploração do petróleo brasileiro. Confessa tudo quanto, qual Cassandra em terra de surdos, vivo proclamando por todos os meios.

A Lei de Minas, poderão alegar, prevê o caso e dispõe as coisas de modo que o dono da terra não pode impedir a exploração do subsolo por outrem que o queira fazer. Teoricamente é assim. Teoricamente é possível, com a lei na mão, explorar terra

---

[12] *E por isso "teve" de suicidar-se. Semanas depois do aparecimento da primeira edição deste livro, com reprodução da carta acima, foi encontrado morto em um quarto de hotel em Buenos Aires. Suicidado... Nota da edição de 1946.*

alheia. Mas na prática é irrealizável. De modo que os acaparadores do nosso subsolo potencialmente petrolífero riem-se da Lei de Minas e continuam a monopolizá-lo, adquirindo imensas extensões por preços irrisórios para quem joga com moeda ouro em país de papel superdesvalorizado.

MALAMPHY & OPPENHEIM

Na minha "Carta aberta" declarei que os chefes contratados da geofísica e da geologia do Departamento Nacional, Malamphy e Oppenheim, negociavam lá fora informações geológicas e geofísicas colhidas durante os trabalhos de campo. Mostrando o ridículo desse temor, um dos técnicos do Departamento, senhor Glycon de Paiva, diz pelo *Diário de São Paulo* que estudos dessa ordem não constituem segredo, sendo reunidos em livros e postos ao alcance de quem quer que por eles se interesse. Perfeitamente. Foi o que sucedeu com os estudos geofísicos e geológicos de Malamphy & Oppenheim na zona de São Pedro. Cumpre, todavia, observar que esses estudos feitos em 1934 somente apareceram no Boletim do Ministério da Agricultura de março deste ano da graça de 1936. Ora, nesse intervalo de dois anos entre os estudos e a publicidade dos mesmos, há tempo de sobra para negociações de qualquer informe útil por parte dos seus detentores.

E que esses dois técnicos contratados entram em negócio de informes petrolíferos de que são detentores em primeira mão, acho que ficou exuberantemente provado com a carta de Malamphy a que dei publicidade (Anexo nº 5). Essa carta é a resposta a uma consulta de certo cidadão de Nova York, que desejava, com outros, adquirir terras petrolíferas no Brasil (Anexo nº 6). Lendo o anúncio de Malamphy & Oppenheim em revistas técnicas americanas, a eles se dirigiu. Malamphy responde por si e seu sócio, com o qual mantém endereço telegráfico internacional comum – MALOP, declarando-se pronto para entrar em entendimento com os interessados. Que se apresentem, que digam que planos têm na cabeça, que ele, Malamphy, dirá o auxílio que lhes poderá prestar. Quanto ao sócio Oppenheim, naquele momento a descobrir petróleo no Acre, Malamphy responde por ele em gênero, número e caso.

Acho tudo isso claro demais, e apesar da bela defesa que desses homens faz o senhor ministro nas BASES, parece-me que a única resposta que decentemente poderiam dar para Nova York seria: "Como técnicos contratados, não podemos entrar em entendimentos com ninguém para o negócio proposto. Os interessados que se dirijam ao governo brasileiro".

Nas BASES o senhor ministro estranha a minha atitude em face da técnica e das empresas estrangeiras, acoimando-me de incoerente.

Há aqui um erro de apreciação. Não sou chauvinista, nem inimigo da técnica e das empresas estrangeiras. Reconheço a nossa absoluta incapacidade de fazer qualquer coisa sem recurso ao estrangeiro, à ciência estrangeira, à técnica estrangeira, à experiência estrangeira, ao capital estrangeiro, ao material estrangeiro. Tenho olhos bastante claros para ver que tudo quanto apresentamos de progresso vem da colaboração estrangeira. E nesse caso do petróleo nada faremos de positivo, se teimarmos em afastar o estrangeiro e ficarmos a mexer na terra com as nossas colheres de pau.

Mas estou também convencido de que os *trusts* estrangeiros de petróleo querem manter-nos em escravidão petrolífera, e em consequência agem cá de mil maneiras para acaparar as boas estruturas com o único fim de pô-las fora do alcance da exploração. Desconfio, pois, sistematicamente, de todas as entidades estrangeiras que se metem em petróleo no Brasil, já que a intenção confessada não é tirá-lo, sim impedir que o tiremos. Acho, entretanto, que do seu ponto de vista comercial essas entidades estrangeiras estão certas. Estão agindo como bons e sábios negociantes, dos que enxergam longe e preveem o futuro. Quem não está agindo com inteligência somos nós, fechando os olhos a isso, duvidando disso, permitindo que isso se vá fazendo indefinidamente. Não os denuncio e combato por serem estrangeiros, mas apenas por estarem seguindo uma política contrária aos nossos interesses.

Mister Oppenheim, por exemplo, em artigo de defesa que publicou num jornal do Rio, diz com desespero de vítima: "Tudo isso, todos esses ataques, só porque sou estrangeiro!".

Engana-se Mister Oppenheim. Os ataques de que tem sido vítima não passam da naturalíssima reação das companhias nacionais que ele tem procurado destruir. Não o combatemos por ser estrangeiro. Combatemo-lo por ser safado.[13]

O que ele fez contra a Petróleos, induzindo o senhor Fleury a subscrever uma conclusão geológica tão formal quanto destituída de base, e os golpes sabotadores que desfechou contra a companhia de Alagoas não depõem contra a sua nacionalidade, sim contra o seu safadismo. Não nos iludamos nesse ponto.

Sobre este Oppenheim chamo a especial atenção dos senhores juízes, convencido como estou de que vem agindo de um modo extremamente nocivo aos interesses das companhias nacionais, interesses que coincidem com o Interesse Nacional, visto como a vitória dessas companhias significará a vitória do Brasil.

Depois da sabotagem do poço São João o senhor Oppenheim foi contratado pelo Departamento como cientista de notabilíssimos méritos, a ponto de com sua obra *Rochas gondwânicas e geologia do petróleo do Brasil Meridional* haver revogado velhas concepções geológicas e imposto ao Departamento novas diretrizes práticas. A crítica, no entanto, que Chester Washburne fez desse trabalho no *Bulletin of American Association of Petroleum Geologists*, de 11 de novembro de 1935, redu-lo às suas verdadeiras proporções.

Washburne estranha que Oppenheim, em seis meses de estudo, sem dispor de auxiliares, haja coberto uma área três vezes maior que a que ele, Washburne, cobriu em três anos, ajudado por vários assistentes. Suas palavras textuais são estas:

> *"The State of São Paulo has approximately the area of Texas, but Washburne could spend only three years in it, not more than two of which could have been devoted to actual field work. Oppenheim spent only six months*

---

[13] *O presidente da Comissão de Inquérito, Pires do Rio, chocou-se com esta expressão; achou-a pouco "parlamentar". É um amor, este Pires. Evidentemente feito de porcelana "casca de ovo"... Nota da edição de 1946.*

within an area about three times as great. Washburne had most capable associates, specially Drs. Joviano Pacheco, Guilherme Florence e Domicio Pacheco e Silva, the first two of whom had spent most of their adult lives in studying the geology of the region. In his report Oppenheim mentions no assistants. This seems to give Washburne some advantage, but none of his associates is to be considered responsible for any of his published conclusions, regardless of the extent to which he drew upon their knowledge. In spite of this, Washburne admits that, within the time involved, NO MAN IS CAPABLE OF JUDGING THE ULTIMATE MERITIS OF AN AREA SO GREAT".

Washburne acha que HOMEM NENHUM PODE CHEGAR A CONCLUSÕES DEFINITIVAS NUMA ÁREA TÃO GRANDE, em tão pouco tempo e tão desajudado de assistência. Homem nenhum!... É que Washburne não conhece Oppenheim nem o senhor Fleury da Rocha. Na sua ingenuidade de cientista honesto, o grande geólogo não imagina de que são capazes homens que fazem geologia política, com o fim expresso de dar tombo em empresas nacionais.

Em outro ponto da sua análise mostra Washburne a desonestidade científica de Oppenheim no preparo das razões geológicas que iriam condenar a região de São Pedro. Diz ele: *"Oppenheim, in disagreement with Washburne, believes the country to be highly faulted and unlinked to contain oil fields. He does not present any convincing evidence of the existence of faults in the petroliferous region, his main argument being what he considers large difference in stratigraphic elevation between some adjacent wells. In this matter one easily may be misled by a hasty examination of Oppenheim's cross section (Folhas 5-17) in which he uses vertical scale forty times the horizontal, and in which he draws the formation pattern of each plotted log to a width of about one kilometer. To the eye of the reader this gives the appearance of sudden change in depth, suggesting faults, yet if the reader were to draw lines through identical horizons in adjacent wells, he would find that none slopes is more than fifth, common dip on the small folds of the region etc.".*

Despistamento geológico...

Mais adiante Washburne declara: *"Even should many faults exist in the interior of the states of São Paulo and Paraná, and if the rocks were highly jointed, which they are not, experience elsewhere shows that these condition do not prevent the retention of oil in profitable pools, nor do they necessarily cause any seepage of oil. Thus in most of the highly faulted fields of the Rocky Mountains, oil seepages are lacking, even in places where productive sands lie within 1.500 feet of the ground surface; and in the Salt Creek field, Wyoming, numerous faults have not permitted recent communications between a great area of salt water in the First Wall Creek sand and oil in the Second Wall Creek sand only a few hundred feet below it. Not merely do faults fail to destroy many oil fields, but commonly they fail even to create surficial seepage. Oppenheim's statement that the lines of chapopoteras in Mexico occur along faults, is open to question, for wells fail to reveal corresponding displacement in the shallow strata"* etc.

Na fúria de negar, Oppenheim põe em dúvida as amostras de petróleo verde e leve que Washburne menciona. Eis como o geólogo americano atende a este ponto: *"In few words, Oppenheim dismisses the suggestion of Washburne that the small traces of lighter oil found in the Itararé (glacial) beds of doubtful Permian age, seem to represent a type distinct from the black oil in the higher Permian an Triassic strata, and that the oil of former type, possibly paraffinic, may have risen from Devonian or other concealed strata. Oppenheim (pg. 113) seems to doubt the accuracy of Washburne's description of one of these oils from a well at São Paulo, as 'light green yellowish', possibly because Washburne failed to write that Dr. Eugênio Dutra, then in charge of governmental drilling, showed him a sample of this color. If a laboratory report on this oil called its color 'red' or 'chestnut', one may suspect that the sample was held not against a black opaque object, but was held so that light could pass through it. Of similar significance in regard to the possibility of deeper oil, is Oppenheim's doubt concerning the validity of the green highly fluid oil in well n. 1 of the Cia. Cruzeiro do Sul, at Bofete, São Paulo. Presumably he failed to appreciate the description by Washburne (pg. 220) of the intimate penetration of this oil throughout a sample of saturated typical tillite, a degree of penetration that hardly could be imitated artificially, indicating beyond reasonable doubt that the green oil occurs in glacial beds. Oppenheim's remark that I. C. White reports no oil in earlier wells in the same vicinity has no bearing on this matter, because the older wells were much shallower. Oppenheim is right in saying, indirectly, that Washburne presents only meager evidence of the occurrence of a distinct type of oil in the lower horizons (Itararé formations), and Washburne admits that his suggestions was hardly more than 'grasping at a straw' in the hope of finding better oil a greater depth in the undrilled central parts of the Paraná basin. Yet even meager evidence seems more valuable than unsupported opinion to the contrary. That deeper source beds of dark marine shales of the Devonian, and possibly marine Carboniferous strata, may exist under parts of the Paraná basin, seems quite possible, not only because of the presence of Devonian shales in Paraná and of marine Carboniferous in southern Paraguay and Uruguay, but also because of general frequency which stratigraphic lacunae at the margins of other great basin are filled at least partly by other intervening strata in central parts of the basin". etc.*

Bastam essas citações para mostrar o valor científico da maravilhosa obra que Oppenheim lançou como o Novo Testamento da Geologia Nacional e que tão fundo calou no ânimo dos basbaques, a ponto de dar orientações novas ao DNPM. Por quê? Porque constituía a consagração científica, iniludível, indestrutível, inexpugnável, do programa negativo desse serviço federal. Porque importava na condenação e destruição das pobres companhias nacionais. Porque seria a morte da Petróleos, da Petrolífera, da Cruzeiro do Sul. Porque era o que convinha aos tais *trusts* que, piscando o olho, acaparam quanto podem dessas terras "negativas para futuras explorações de petróleo"...

Conclusão

Nada tem feito tanto mal ao nosso país como a tendência para resolver problemas só pelo lado teórico, com desprezo absoluto do lado prático. Na fatura de certas leis, o nosso legislador parte duns tantos pontos de vista abstratos, esquecendo-se de levar em conta o meio, a gente, as condições locais especialíssimas, o momento – isto é, as realidades iniludíveis. Daí o partejamento de monstruosidades dignas de museus teratológicos – leis inaplicáveis, leis que tudo entravam, leis paralisantes de todas as iniciativas, leis que desgraçam esta pobre terra, embaraçando-lhe, impedindo-lhe o desenvolvimento econômico.

A nova Lei de Minas, ao aparecer, foi dada pelos seus promotores como o "Sésamo, abre-te!" das riquezas do subsolo nacional. Mas os que praticamente tentavam mobilizar essas riquezas, os que trabalhavam no campo, viram logo tratar-se de um "Sésamo, fecha-te!". Impossível dar um passo dentro daquela maranha de entraves criados pela mais cavilosa burocracia. E regredimos. Empresas em via de formação dissolveram-se. Outras já com trabalhos iniciados desistiram de ir além. Outras ainda em germe goraram. Tudo se paralisou – e paralisados ficaremos *ab eterno*, impedidos de tocar nas riquezas do subsolo, enquanto essa lei concebida por parasitas burocráticos, dos tais que "imaginam coisas mas não nas sabem", não for substituída por uma lei decente, clara, viável, prática, que não antagonize o interesse particular com o público.

Há quatro anos mergulhado neste problema do subsolo, tenho elementos para afirmar que não foram os obstáculos criados pela natureza os que mais nos consumiram energias, a mim e aos meus companheiros – sim os obstáculos artificiais, filhos da burocracia, não só os que ela embrechou nas leis, como os que ela sistematicamente antepõe à execução dos dispositivos monstruosos dessas leis.

Se a intenção do governo federal é impedir que os particulares toquem no subsolo, parece-nos muito mais simples, muito mais honesto, que essa proibição se faça às claras. "Ninguém pode mexer no subsolo" e acabou-se. Os que hoje perdemos tanto tempo e trabalho nessa faina iríamos cuidar de outra coisa. Mas apresentar leis, como a de Minas, qual um "Sésamo, abre-te!" quando não passam de ultramaquiavélicos ferrolhos, chega a ser puro sadismo. Castigar aos que, tentando uma arrancada rumo ao subsolo, trabalham para a grandeza do Brasil, castigá-los com a má vontade dos Fleurys, com as sabotagens dos Oppenheims, com os empeços de toda ordem que esses homens e outros, fortes nos cargos que ocupam, criam incessantemente, não passa duma indignidade.

A Comissão de Inquérito poderá prestar ao Brasil um benefício imenso, abrindo de par em par as portas à nossa redenção econômica, se concluir os seus trabalhos com a única sugestão que a lógica impõe: "O que há a fazer, é fazer justamente o contrário do que se tem feito". Só isso.

Abriam-se poços de escassa profundidade? Pois abram-se poços profundos. Perseguiam-se as companhias nacionais? Pois que sejam auxiliadas. Amontoavam-se nas leis mil entraves para a pesquisa do petróleo? Pois sejam criadas mil facilidades.

Tão simples o remédio!

Com a organização existente, com as leis-cipós, com o eterno "dar para trás", com Fleury e Oppenheim mantidos como batoques, o petróleo não saiu e não sairá nunca. Pois inverta-se a organização, modifiquem-se as leis em sentido contrário, arquivem-se os dois batoques – e o petróleo jorrará aqui, como jorrou nos Estados Unidos, no México, em Trinidad, na Venezuela, na Colômbia, no Peru, na Bolívia, na Argentina.

Mas se porventura Fleury com sua filha, a Lei de Minas, e Oppenheim com a sua Gondwana têm mais importância para o Brasil do que o petróleo a jorrar de mil poços, então que o governo o confesse logo. Os atuais petroleiros desistirão do grande sonho, e irão plantar couves ou batatas. Representa muito mais para a economia da nação um humilde plantador de couves ou batatas do que um escavador de poços de um petróleo que, por misteriosas razões acima do nosso alcance, está proibido de aparecer – ainda quando se revela "em estado livre e saindo muito"...

(A) Monteiro Lobato
Praça da Sé, 83 – São Paulo

O que somos e o que precisamos ser

O Brasil tem vivido cocainizado por uma ilusão – a de ter-se como um paraíso terreal, um país riquíssimo, invejado pelos outros povos. Nem a bancarrota do estado, nem o nosso mal-estar perpétuo, nem a penúria chinesa do que chamamos a classe baixa (isto é, oitenta por cento da população do país), nem a miséria intensíssima observável até nas capitais quando deixamos as avenidas e os bairros privilegiados, nada de tão terrível realidade arranca o brasileiro à mentira crônica em que se encoscorou.

Em todas as estatísticas de produção, de comércio, de riqueza nacional, de cultura etc., o lugar do Brasil é entre os mais baixos da escala.

Tomemos a Dinamarca. Tem quarenta e quatro mil quilômetros quadrados e uma população de três milhões e meio de habitantes. Do tamanho do Espírito Santo, menor que Alagoas, Paraíba e Rio Grande do Norte, que são dos menores estados do Brasil – e no entanto produz e exporta mais que o Brasil inteiro. Em 1929 a pequena Dinamarca exportou 480 milhões de dólares contra 414 exportados pelo Brasil; e importou 457 contra 456.

Alegam os patriotas incompreensivos que é por sermos um país novo. Somos tão novos como os Estados Unidos e a Argentina, países que também nos distanciaram em tudo – o primeiro dum modo fantástico.

Só do subsolo os Estados Unidos extraem mais de CEM MILHÕES DE CONTOS POR ANO. Nós com um subsolo equivalente só extraímos minhocas. Veja-se este quadro estatístico do Department of Commerce, abrangendo o decênio de 1918 a 1927:

PRODUTOS METÁLICOS E NÃO METÁLICOS
Valor em dólares

1918	5 bilhões e 541 milhões de dólares
1919	4 bilhões e 596 milhões de dólares
1920	4 bilhões e 918 milhões de dólares
1921	4 bilhões e 139 milhões de dólares
1922	4 bilhões e 647 milhões de dólares
1923	5 bilhões e 987 milhões de dólares
1924	5 bilhões e 306 milhões de dólares
1925	5 bilhões e 678 milhões de dólares
1926	6 bilhões e 213 milhões de dólares
1927	5 bilhões e 520 milhões de dólares

Temos aqui a média anual de 5 bilhões e 454 milhões de dólares, ou seja, mais de CEM MILHÕES DE CONTOS POR ANO em nossa moeda, o dólar a 19 mil réis – essa beleza que a mentira crônica nos deu.

Nada como gráficos para meter pelos olhos adentro as realidades. Nos gráficos que seguem veremos o que é a nossa riqueza nacional, a nossa produção, o nosso comércio etc., comparados com os equivalentes americanos. Tomamos os dados de anos normais, imediatamente anteriores à crise de 1930 e aplicamos nos gráficos sempre a mesma escala.

Não é ultradoloroso isto? Não é ultravergonhoso que, dispondo dum território em tudo equivalente ao dos Estados Unidos, nos deixássemos ficar numa bagagem degradante?

E como combatemos essa situação de inferioridade? Negando-a. Mentindo oficialmente. Mentindo agora pelo rádio. Mentindo uma mentira sistemática e onímoda, que não engana a ninguém no mundo – nem sequer a nós mesmos.

RIQUEZA NACIONAL DOS ESTADOS UNIDOS EM 1922
(cálculo da Federal Trade Commission)
356.035.000.000 dólares

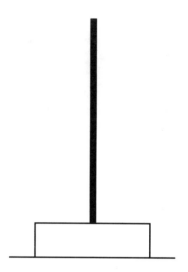

RIQUEZA NACIONAL DO BRASIL EM 1927
(cálculo da Associação Comercial)
10.000.000.000 dólares

VALOR APENAS DO PETRÓLEO AMERICANO EM 1927
3.580.000.000 dólares
(Compare-se estes algarismos com os da página seguinte)

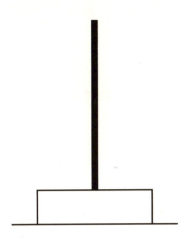

VALOR TOTAL DA PRODUÇÃO AGRÍCOLA E INDUSTRIAL DO BRASIL EM 1927
1.320.000.000 dólares

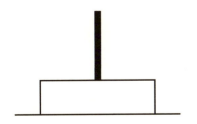

PRODUÇÃO INDUSTRIAL DOS ESTADOS UNIDOS
EM 1928
62.713.000.000 dólares

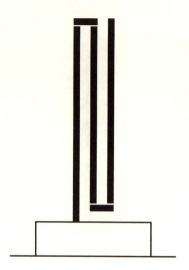

PRODUÇÃO INDUSTRIAL DO BRASIL EM 1928
867.000.000 dólares

EXPORTAÇÕES DOS ESTADOS UNIDOS EM 1927

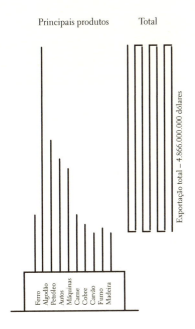

EXPORTAÇÕES DO BRASIL EM 1927

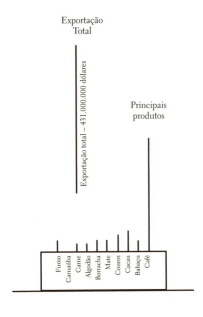

O ESCÂNDALO DO PETRÓLEO E GEORGISMO E COMUNISMO

Basta de cocaína. Tenhamos a coragem dum frio realismo. A mentira não constrói – destrói. Destrói a reputação de quem a impinge. Somos o povo mais desmoralizado do mundo em consequência deste perpétuo regime de mentiras adotado como atitude nacional. *E no entanto poderemos nos equiparar aos Estados Unidos em grandeza, cultura, eficiência e poder, se tomarmos pelos mesmos caminhos.*

Que caminhos são esses? Os do subsolo. A grandeza dos Estados Unidos vem de que mobilizaram e mobilizam continuamente as reservas do subsolo. Vem de que se ferraram intensamente e ainda se ferram com as várias dezenas de milhões de toneladas de ferro que cada ano produzem – enquanto nós tropicamos eternamente desferrados pela estrada da vida em fora, sem a menor atenção para as montanhas de minério que possuímos.

Vem de que abrem anualmente mais de vinte mil poços por onde esguicha o sangue da terra, o maravilhoso líquido que se transforma em energia mecânica e move os milhões de toneladas de ferro transfeito em máquinas aumentadoras da eficiência do homem – enquanto nós abrimos anualmente vinte mil casas de loteria e bicho.

Vem, em suma, de que raciocinam com a cabeça – enquanto nós, queimando café em vez de queimar o Ministério da Agricultura, damos ao mundo uma curiosa demonstração do perigo que é raciocinar com outros órgãos que não o cérebro...

Café é riqueza criada? Queima-se.

Ministério é impedimento de riqueza? Conserva-se.

Está errado...

O "conto do petróleo"

O Globo, do Rio, publicou uma reportagem sobre a excursão feita pelos acionistas da Cia. Petróleos do Brasil às margens do Araquá, onde essa empresa está perfurando um poço de petróleo. Ao lado da notícia o vespertino carioca inseriu comentários, recordando a opinião sobre as nossas companhias de petróleo, dada àquela folha pela maior autoridade oficial do Brasil[14] o senhor Eusébio de Oliveira, diretor do Serviço Geológico e Mineralógico Federal. *"Conforme frisamos então"*, diz O Globo, *"esse técnico não teve dúvidas em classificar as iniciativas desse gênero entre nós como idênticas aos célebres 'contos do petróleo' muito comuns na América do Norte, onde se improvisam e se desfazem grandes companhias para devorar não menores capitais de acionistas incautos."*

Realmente, o senhor Eusébio tem razão. O que andamos a organizar, nós, os petroleiros do Brasil, não passa do velho "conto do petróleo", tão conhecido no mundo inteiro quanto por aqui o "conto do vigário".

Nos Estados Unidos, o "conto do petróleo" consistente em atrair dinheiro de acionistas bobos para perfurar o chão, começou a ser praticado muito cedo, logo depois da descoberta do petróleo na Pensilvânia – e a consequência foi que com o dinheiro assim tomado ao público, os piratas abriram até hoje nada menos que um milhão de poços, dos quais jorrou, até a presente data, a brincadeira de quinze bilhões de barris, no va-

---

[14] *Isso foi em 1932, antes do aparecimento do senhor Fleury da Rocha. Nota da edição de 1946.*

lor de 22 bilhões e meio de dólares. Ao câmbio azul do Banco do Brasil, isso corresponde a 292 milhões de contos de réis.

Graças à esperteza desses "contistas", o "otário" americano, que "caiu" com dinheiro para as perfurações, beneficiou-se com uma soma equivalente a várias vezes a riqueza nacional do Brasil.

Para melhor realçar o fantástico desenvolvimento que tomou o "conto do petróleo" nos Estados Unidos, aqui pomos os números referentes aos anos de 1929, 1930 e 1931. Unicamente nesse triênio o célebre conto fez resultar uma produção de 2.761.323.000 barris, no valor, ao pé dos poços, de 54 milhões de contos de réis – ao câmbio azul...

Em vista do excepcional sucesso do "conto do petróleo" entre os *yankees*, outros países da América principiaram a sentir coceiras, e a pedir, pelo amor de Deus, que os espertalhões fossem operar em seus territórios. E os resultados da pirataria insigne não foram menores.

No México, só nesse triênio, o "conto do petróleo" deu como resultado a extração de 118 milhões de barris. O "otário" mexicano hoje esfrega as mãos e olha com muita ternura para os "contistas" que o enriqueceram.

Na Venezuela, os "contistas" conseguiram perfurar poços em número suficiente para, nesse triênio, jorrarem 394 milhões de barris. O "otário" venezuelano também esfrega as mãos e lambe as unhas, sorridente.

A Colômbia quis logo entrar no bolo. Abriu a bolsa aos "contistas" e obteve em igual período uma produção de sessenta milhões de barris. Ótimo!, exclamou o "otário" colombiano, piscando o olho.

Depois veio o Peru. Quis da mesma forma ser "tungado" pelos "contistas do petróleo" – e conseguiu no triênio em causa arrancar ao seu subsolo 37 milhões de barris do precioso líquido. Magnífico!, grugrulejou o Peru, de papo cheio.

Lá em cima, a pequena ilha de Trinidad, invejozinha, deixou que os "contistas" viessem operar em seu exíguo território – e obteve nesses três anos a ninharia de 4.660.000 barris. Serviu, serviu...

O Canadá, aflito, chegou a importar da terra de Tio Sam hábeis "contistas" – e graças a eles pôde, nesse período, extrair do solo 4.300.000 barris. O rei Jorge, lá em Londres, congratulou-se consigo mesmo.

A Bolívia deixou-se de puritanismo, e entrou na bandalheira. Está hoje, graças ao "conto", com os seus "otários" rejubilantes.

A Argentina foi nas águas dos demais. Importou "contistas" e deixou que operassem livremente os "contistas *creolos*"; tomou muito capital de acionistas incautos e já perfurou 1.600 poços, dos quais, só no período acima, obteve 28.300.000 barris, quase o bastante para o consumo nacional. Está também, essa nossa vizinha, satisfeitíssima com ser "otária" de tal "conto". Abençoa-o.

Como se vê, na quase totalidade absoluta dos países das três Américas, o "conto do petróleo" deu os melhores resultados, sendo que num deles, os Estados Unidos, contribuiu com alta cota para fazê-lo o mais rico e poderoso país do mundo.

Enquanto todos esses países deixavam que os espertalhões aplicassem livremente o fecundíssimo "conto do petróleo", consistente em tirar dinheiro de acionistas incautos a fim de perfurar a terra, aqui neste Brasil de imenso território, por si só quase metade da América do Sul, ficamos todos nós – quarenta milhões de bobos – assistindo, de boca aberta, à cômica aplicação do "conto do Eusébio".

Em que consiste? Em aplicar anualmente uma verba de 2 ou 3 mil contos *na demonstração de que não há petróleo no Brasil, e na barragem sistemática dos "contistas do petróleo".* Com esse dinheiro extorquido ao povo sob forma de impostos dolorosos, Eusébio diverte-se abrindo buracos de tatu nas zonas mais indicadas e dizendo: "Não há petróleo; vocês estão vendo que não há petróleo". E se acaso um desses buraquinhos de tatu atreve-se a dar indícios indiscretos de petróleo próximo, Eusébio, furioso, tapa-lhe a boca com cimento...

Nem fura, nem deixa furar – é sua política geológica.

A desgraça do Brasil e sua derrocada financeira decorrem em grande parte disso – de Eusébio, o todo-poderoso, não deixar que se aplique aqui o "conto" que está a enriquecer "todos" os países da América. Mal um grupo de "contistas" se reúne para apanhar dinheiro do público a fim de perfurar (meio único que se conhece de tirar petróleo), o bode geológico e mineralógico do Brasil dá o grito dos gansos do Capitólio e em entrevistas aos jornais previne os possíveis "otários" contra a "marosca". – "No Brasil não há petróleo", diz ele. – "Eu, que sou onisciente, sei disso. Deus, o Supremo Arquiteto das Anticlinais e Sinclinais, informou-me em nota confidencial." E o "conto" falha.

Quando o doutor Romero veio ao Brasil, contratado por uma companhia que se formou especialmente para fazer uso do seu aparelho indicador de óleo e gás, o Júpiter Tonante do Hidrocarbureto trovejou do alto da sua pilha de tamancos: "Mistificação! Ignoro tudo a respeito desse tal aparelho – mas é uma guitarra. Adivinho-o. Eu, eu, eu, eu, o Grande, o Infalível Eusébio, juro-o de mãos postas sobre uma camada do Devoniano".

Mas apesar do escabujamento délfico da Vestal, firmíssima no seu dogma do NÃO HÁ PETRÓLEO NO BRASIL, acionistas incautos apareceram, e quatro companhias aplicadoras do "conto" estão hoje a perfurar o solo nos pontos marcados pelo aparelho Romero.

Mas Eusébio tem razão. O que essas companhias fazem no Brasil não passa de tirar dinheiro de acionistas incautos para perfurar a terra. Logo, "conto do petróleo" perfeitamente caracterizado, do legítimo, do que foi intensamente praticado na América do Norte. Sua maldade, porém, esconde o resto, e ele "esquece" de acentuar que justamente por ter sido lá comuníssimo esse gênero de "conto" é que Tio Sam conseguiu abrir um milhão de poços e tirar de dentro deles o big stick com que mantém a sua hegemonia do mundo. Se tivesse havido em Washington um Eusébio ao tipo do nosso, com suficiente prestígio oficial para impedir a intensa aplicação do "conto do petróleo", os Estados Unidos da América estariam hoje no mesmo pé dos Estados Unidos do Brasil – na miséria, com o serviço da dívida externa suspenso pela quarta vez, sem isca de crédito e forçado a sangrar-se fundo no bolso para a aquisição no exterior dum combustível básico que todos os países americanos retiram do seu subsolo.

Há treze anos que este senhor Eusébio mantém o Brasil no regime do "dar para trás no conto do petróleo", impedindo assim, com a sua imensa autoridade de "Iluminado que sabe o que está escondido lá no fundo da terra", a fecundíssima aplicação do "conto do petróleo". Graças à sua heroica resistência contra os piratas petrolíferos, o pobre e surrado Brasil teve, só nesse período, de despender 4 ou 5 milhões de contos para a compra do que já devia estar produzindo e exportando.

Por quê, santo Deus? Qual o segredo da fúria eusebiana contra todos os que se atrevem a perfurar, isto é, "a fazer aqui o que no mundo inteiro se faz para descobrir petróleo"?

Muito simples. Eusébio dirige a seu bel-prazer e sem controle, uma gorda verba para "investigações de petróleo", com a qual vai abrindo os seus buracos de tatu e orientando a campanha contra os "contistas". Se vier petróleo, raciocina ele, não vem para mim – e a verba some-se do orçamento. Ora, entre o Brasil ficar com petróleo e eu sem verba, tolo seria se vacilasse. A verba é uma realidade; o petróleo é uma hipótese. Viva quem quiser de hipóteses; eu vivo de realidades.

É este o "conto do Eusébio".

Segunda Parte
Onde estávamos em 1936?

O escândalo do petróleo foi escrito e publicado em 1936, nas vésperas de irromper entre nós o fascismo vitorioso na Europa; venderam-se rapidamente quatro edições, num total de dezoito mil exemplares – e no ano seguinte o livro desapareceu nas trevas da supressão de todas as nossas liberdades. Hoje ressurge – agora que com o esmagamento do fascismo na Europa os nossos escravizadores não tiveram remédio senão afivelar no rosto a velha máscara da democracia. E *O escândalo do petróleo* volta a mostrar ao povo a imensa patifaria que desde os começos vem sendo o caso do petróleo no Brasil.

Nas edições anteriores dividia-se o livro em duas partes: a primeira, por mim escrita, e a segunda, com o brilhante depoimento apresentado por Hilário Freire à Comissão de Inquérito sobre o Petróleo, que o governo se viu obrigado a nomear em virtude das acusações da minha "Carta aberta" ao ministro da Agricultura. Na atual reedição d'*O escândalo* tive de sacrificar a parte de Hilário Freire para abrir espaço a muita matéria nova. Doeu-me fazer isso, tão brilhante e esmagadora era a exposição desse meu amigo, sobretudo na análise do Código de Minas, com que finalizava, e na do caso dos poços em São Paulo, logo no começo. Cada vez que uma das perfurações federais feitas em São Paulo dava "sinal de qualquer coisa", era "castigada", e por fim abandonada, depois de bem entupida com concreto para que ninguém fosse meter lá o nariz. E como uns tantos poços ficavam de boca aberta ao lado de outros assim obturados, generalizou-se naquelas zonas a convicção de que *poço fechado com concreto era poço que havia revelado petróleo*. Hilário abordou com muita segurança o caso.

Outro ponto em que me vejo forçado a transcrevê-lo é o relativo à exsudação ativa de petróleo encontrada por Loch e desprezada pelo Departamento Mineral.

Leiamos as suas palavras.

"Não fica aí entretanto a extensão da obra de despistamento oficial nas suas manifestações ativas. Existem também as formas passivas da mistificação: o silêncio ou a ocultação, a indiferença ou a inércia, o descaso ou o desprezo.

Leia-se o relatório ministerial, na página 206. Ele explana a orientação do programa em execução. Estabelece como premissa doutrinária o seguinte: 'Em se tratando dessa pesquisa (do petróleo), duas têm sido as atitudes do homem: a empírica, que produz excelentes resultados nas regiões em que o petróleo ou aflora, ou ocorre como acidente em sondagens para outros fins...'."

E a seguir fixa, como matéria de fato, este ponto: "No Brasil, onde o petróleo ainda não foi descoberto, *nem por acaso, nem por exsudação abundante*..."

Essa informação preliminar fornecida ao honrado ministro não é exata. No Brasil já está descoberta e identificada pelo menos uma exsudação ativa, *oil-seepage*, nascente natural do petróleo. E essa descoberta é do conhecimento do diretor da geofísica, senhor Victor Oppenheim, desde 1935.

Com efeito, aos 28 de maio do ano passado, portanto dez meses antes do relatório ministerial, compareceram perante aquele funcionário os senhores Alexandre Housding, concessionário de jazidas de diamantes do rio das Garças e incorporador da Mineração Hidráulica de Diamante Chapadinha e Criminosa, com autorização de lavra outorgada por vários decretos federais; e o engenheiro Torvald Loch, dinamarquês, com as necessárias credenciais de idoneidade.

E pessoalmente comunicaram-lhe, *com todos os documentos correlativos*, o descobrimento de uma *oil-seepage*, em local situado à margem direita do rio Mamoré e esquerda do rio Pacanovas, a setenta quilômetros da estação Guajará-Mirim, da Estrada de Ferro Madeira-Mamoré, nos limites com a Bolívia, a noroeste do estado de Mato Grosso.

Tais documentos eram os seguintes: um memorial, um relatório da descoberta, dois mapas parciais da zona indicada, determinando a posição geográfica da fonte de petróleo a 11° 10' de latitude e 64° 60' de longitude. Juntamos por cópia esses mapas e o relatório do engenheiro Loch.

Historiando a sua invenção, narra Loch, em resumo, o seguinte:

"Estava montado em canoa subindo um rio quando achei petróleo boiando n'água, beirante à margem. Trilhei o petróleo durante dia e meio, rio acima, até o ponto em que vinha de terra; e depois de abastecer-me de víveres internei-me pela terra adentro até descobrir donde o petróleo provinha. No quarto dia descobri uma *oil-seepage*, num dos morros, dando aproximadamente de quinhentos a seiscentos litros por dia de vinte e quatro horas. Enchi com ele uma das minhas borrachas de água e também colhi amostra das areias que saíam com o petróleo. Era um óleo de cor verde--castanho, de gravidade leve e parafinoso – da mais alta qualidade conhecida. Aquele campo petrolífero apresenta muita semelhança com os do Oklahoma e do Texas, nos Estados Unidos. A formação geológica é provavelmente do período Paleozoico ou do Siluriano, e tudo ali indica que esse campo talvez seja o maior campo de petróleo da América do Sul. A estratificação do petróleo deve estar a uns quinhentos, seiscentos metros. O terreno é um chapadão ondulado, com faixas de vegetação escassa, doentia, aleijada, em virtude das emanações de gás. Ao norte e oeste estendem-se planícies e vales extensos, a cento e vinte pés acima do nível do mar. Há nas vizinhanças dos rios bastante madeira, própria para construção de torres de sondagem."

Acresce a circunstância de que as amostras de petróleo trazidas por Loch já haviam sido devidamente analisadas pela seção competente do Ministério da Agricultura.

E cabe notar que a vazão do petróleo *in natura* atingia desde logo quantidade comercial, a saber, 150 barris por mês, ou 1.800 por ano, com o valor aproximado de 90 contos. Essa era uma comunicação verdadeiramente sensacional.

A *oil-seepage* é, digamos, o poço espontâneo, nativo, fluente, é a existência viva, palpável, medível, utilizável do petróleo. Diante dela não se cogita de estruturas, nem de gás, nem de sedimentos, nem de cristalino, nem de tudo quanto seja possibilidade ou indício. A *oil-seepage* não é indício, é o petróleo na sua realidade. É a decisão do problema sobre a existência, ou não existência, do petróleo no Brasil.

Com uma circunstância favorável a mais: o seu estudo imediato não oferecia dificuldade alguma. O local é mais acessível pelos meios de transporte do que o Acre. Até Porto Velho há um serviço regular de navegação, cada quinze dias, em embarcações confortáveis, denominadas "gaiolas". De Porto Velho até Guajará-Mirim trafega a Estrada de Ferro Madeira-Mamoré. Em Guajará-Mirim, o rio permite a ancoragem de hidroaviões de carreira. A Condor em breve estenderá por ali uma linha regular entre Mato Grosso e o Amazonas. A setenta quilômetros desse ponto, subindo o rio Pacanovas, também navegável, a *oil-seepage*.

Não era, portanto, um roteiro obscuro como o das Minas de Prata de Roberio Dias. Era, sim, uma localização geográfica precisa.

Cumpria, pois, ao Departamento o estrito dever de verificar imediatamente e oficialmente o conteúdo da comunicação. Ela representava a chave elucidativa de toda a tragédia do descobrimento do petróleo no Brasil. Para outra coisa não contratara o Departamento os senhores Mark Malamphy e Victor Oppenheim. Nem missão mais precípua tem sobre os ombros o senhor Fleury da Rocha.

A denúncia da *oil-seepage* era idônea. Trazia a assinatura de um profissional com a fé de seu grau. Esse profissional apresentava todas as credenciais de idoneidade, certificadas pela Legação da Dinamarca, seu país de origem, e por entidades particulares insuspeitas. A credibilidade de sua palavra, como de todos os profissionais em igualdade de condições, impõe fé e constitui elemento de prova plena, mesmo em juízo. Ele não emitia uma opinião pessoal em ponto de doutrina, atestava um fato de existência permanente, em razão do ofício.

Ou o Departamento aceitava o fato como real e verdadeiro, e não podia diante dele cruzar os braços, como cruzou, porque essa indiferença é um crime de lesa-pátria; ou reputava o fato duvidoso, sub-reptício, incerto, e nessa hipótese acudia-lhe o dever de desmascarar o impostor, que, baseado na impostura, propunha um negócio ao governo, induzindo-o a erro ou engano para, por esse meio, procurar para si lucro ou proveito. Tão solícito fora o senhor Oppenheim contra as amostras do Lobato, por julgá-las estranhas ao local; tão solícito fora o Departamento contra o manifesto da Petróleos do Brasil, por duvidar do petróleo em São Pedro, quão desdenhosos agora são ambos diante da descoberta da *oil-seepage* de Mato Grosso!

O alhear-se a esse caso é o negar a própria finalidade do Departamento Mineral. Sobremaneira para o senhor Victor Oppenheim, que, nas "Rochas Gondwânicas", reputa como privilegiada a área limítrofe com a Bolívia, por via de suas estruturas favoráveis ao acúmulo de petróleo com a mesma latitude e a mesma formação geológica do território do Acre.

Ainda mais, e também muito grave: Era sabido na alta administração da Estrada de Ferro Madeira-Mamoré que elementos ligados ao Departamento Mineral nutriam grandes esperanças na ocorrência de petróleo na zona do rio Guaporé, que, como se sabe, é contribuinte do Mamoré e corta extensos pantanais, assemelhados aos campos alagadiços do rio Paraguai. Causou-lhes, pois, chocante surpresa o saberem do encaminhamento das pesquisas oficiais para o Acre.

Esse espanto aumenta quando se considera que as margens do Pacanovas e do rio Guaporé estendem-se em terrenos devolutos pertencentes ao estado de Mato Grosso, sem nenhuma possibilidade de litígios internacionais. Em poder de quem estarão os terrenos recomendados do território do Acre? Pois não é sabido que a Standard Oil, soberana da Bolívia, promoveu a guerra do Chaco para obter uma saída pelo Atlântico, através da bacia do Prata? Pois não é notório no Estado-Maior do Exército que a falta da plena execução do Tratado de Petrópolis ainda pode acarretar complicações internacionais? Pois não é plausível que esses atritos possam ser desencadeados pelos poderes ocultos que cobiçam o petróleo? Que lhes custaria convulsionar o Acre a pretexto de concessões de subsolo e de inadimplemento do tratado petropolitano, para reaver ao Norte a arca petrolífera que perderam ao Sul com o desfecho da guerra entre o Paraguai e a Bolívia?

A verificação da *oil-seepage* era um direito e um dever. Direito que se aniquilou, não se exercendo; dever que se rasgou, não se cumprindo. E em consequência da falta desse direito e desse dever, o relatório do ministro *afirma que ainda não se descobriu exsudação abundante de petróleo no Brasil!* Mas essa exsudação existe! O descobrimento, ou invenção, do engenheiro Loch está de pé, até que se prove o contrário. Quem, no entanto, claudicou na informação? O egrégio ministro? Não. Oppenheim e Fleury da Rocha.

Sabotagem ou omissão, inércia ou falsidade, negativismo ou Código de Minas, burocracia petrolífera ou perfurações epidérmicas, toda essa profusa sinonímia, na copiosa variedade de suas formas, tudo vem sendo a mesma obra do Proteu federal: *"não tirar petróleo e não deixar que alguém o tire...".*

Terrenos petrolíferos acaparados

Neste pormenor lemos o seguinte no depoimento de Hilário Freire:

"É evidente que todas essas companhias, manobradas pelos poderes ocultos, querem apenas segregar os terrenos petrolíferos, porque pretendem exatamente não furar. Qual a extensão de suas conquistas em nosso subsolo? Ignoramos. Só a estrutura de Washburne lhes deu em Piraju e Ribeirão Claro 128 *contratos*!

E quantos produziram à Pan Geral as doze estruturas localizadas por um só de seus geólogos, o senhor Harry Koller? E as demais companhias?

Simples particulares, por muito que nos esforcemos nas pesquisas nosso campo e nossos meios de agir são limitados. Vemos, entretanto, que somente algumas notas colhidas em publicações oficiais desvendam um mundo consolidado dos interesses ocultos. A máquina oficial, que tudo devia saber, ignora tudo. Nem o Departamento, nem o Ministério, estão a par de nada. Ou porque não procuram saber, tendo todos os recursos para fazê-lo. Ou porque ocultam o que sabem. Ou porque sabem o que ocultam.

Há, entretanto, informes seguros de que, por entre os pinheirais paranaenses, regurgitam nos cartórios de Garapuava, de Palmas, de Porto Vitória, escrituras idênticas. Em todo o extenso vale do rio Jangada, centenas de pequenos proprietários, que o povoam, recebem o soldo decenal dos *trusts*. Em Mato Grosso, em todo o vasto Chaco ou Pantanal, domicílio pré-histórico do mar de Xaraés, onde se acamam os sedimentos do extinto mediterrâneo da América do Sul – quer nas fronteiras com a Bolívia, quer nos limites com o Paraguai – a infiltração e as tentativas de infiltração se multiplicam pela mesma forma. E, no mesmo estilo, pelo país além...

Todavia, o senhor ministro da Agricultura, à página 86 das "Bases para o Inquérito" conta-nos, com aquela sua grande simplicidade oficial:

"*O Departamento Nacional de Produção Mineral não tem conhecimento das aquisições de terras a que alude o missivista (Monteiro Lobato)*".

Não fora certo que o pior cego do mundo é aquele que não quer ver...

É de assinalar-se, neste passo, um vivo contraste de atitudes. Enquanto as empresas estrangeiras timbram em não abrir perfuração, todas as brasileiras só se organizam para perfurar. Desde o primeiro empreendimento de Eugênio Ferreira de Camargo até o dia de hoje, seja a Cruzeiro do Sul, seja a Petrolífera Brasileira, seja a Petróleos do Brasil, seja a Petróleo Nacional, todas nasceram sob o signo das perfurações – e perfuram até esgotarem os seus últimos recursos.

Aí estão, a Petrolífera, com um poço de 1.300 e tantos metros, que só se aprofunda lentamente porque lenta é a colheita dos meios necessários; a Cruzeiro do Sul, com um poço de 430 metros e a Petróleos do Brasil com outro poço de 1.070 metros, ambos paralisados por falta de capitais – justamente porque o departamento mineral lhes embargou novos levantamentos por subscrição, com a sua intervenção nefasta; a Petróleo Nacional, com um segundo poço de 300 metros em trabalhos, depois de ter perdido o primeiro por sabotagem do pontífice do Ministério, senhor Victor Oppenheim – sempre foi encarniçadamente guerreada, desde o lançamento do primeiro manifesto.

E onde as perfurações da Pan Geral? da Marítima? da Brasileira de Petróleo? da Brasil Patentes? da Nacional de Petróleo?

Fala-se nas maravilhas do nacionalismo do Código de Minas. Mas *os seus obstáculos são magníficas maneiras de cooperação com o programa das empresas estrangeiras, que não querem tirar, nem que se tire petróleo.* Seus embaraços algemam apenas as nacionais. Estas não dispõem de capitais para imobilizar em contratos, pagando a multa anual moratória de não perfuração. Todo o dinheirinho que obtêm, empregam logo na abertura de poços. As estrangeiras, ao contrário, manejam largos recursos para paralisar as explorações do subsolo, visto como a imobilização desses recursos no Brasil representa a segurança de sua renda no exterior, à custa do Brasil.

O Código de Minas, com a sua "selva oscura" de formalismos, de absurdos os mais inacreditáveis, de grosseiro inconstitucionalismo e de centralismo inquisitorial, foi, nestes anos, o maior desastre possível para o problema do petróleo brasileiro, peando, com suas amarras, as nossas iniciativas e cooperando, de forma decisiva, para o bom êxito dos interesses escravagistas do combustível líquido.

As Donzelas de Ruão do nacionalismo do subsolo apregoaram muito cedo a vinda dessa codificação messiânica.

Diante de sua iminência, antes que fosse extinto o domínio privado do subsolo para atribuí-lo, como se pretendia, à Nação, os interesses secretos lançaram mão de todos os recursos para a política de acaparamento denunciada por Koller, isto é, para obter os contratos e opções à sombra do direito anterior, convertendo-os em direito adquirido, a tempo e a hora, antes do golpe pseudonacionalizador. Esse direito hiberna dentro dos contratos e asfixia quaisquer iniciativas.

Promulgado o Código, cada um desses grupos estava em condições de sorrir: "*Je m'en fiche...* Minha vida está arrumada. Não desejo mesmo tirar petróleo...".

Assim o Código, com o pretenso intuito de defender para a nacionalidade o subsolo, nada mais fez do que servir aos interesses invisíveis dos *trusts* onipotentes. Nunca tivemos sinistro igual. Cataclismo para nós. Para eles, ouro sobre azul.

Enfim, o Código de Minas nada mais é que ótima tranca aposta a uma casa despojada. Não lhe resta outra finalidade, atualmente, que *impedir a entrada dos seus legítimos senhores e possuidores*. As melhores joias dela retiradas estão no cofre de aço dos contratos e opções, estilo Piraju e Ribeirão Claro...

....

Nas BASES PARA O INQUÉRITO o ministro declara que "O Departamento Nacional de Produção Mineral não tem conhecimento das aquisições de terras a que alude o missivista (Monteiro Lobato)...". Na "Carta aberta" de Monteiro Lobato ao ministro da Agricultura dizia ele: "A política dos grandes *trusts* mundiais em relação ao petróleo do Brasil consiste em 'acaparar' as terras potencialmente petrolíferas, depois de à nossa custa estudá-las geológica e geofisicamente por intermédio da dupla *Malop*. Essas terras 'já adquiridas em enormes quantidades' (como declara a carta do geólogo Koller), ou essas terras 'acaparadas' pelos *trusts*, são coisa do domínio público. Só não sabe de nada o coitadinho do ministro da Agricultura e o coitadinho do Departamento Mineral. Ainda acabam saindo de asinhas brancas, como anjos de procissão".

....

O implacável programa contra as entidades nacionais está sobejamente provado. Passemos adiante. Monteiro Lobato, há quatro anos, brada e repete que as organizações externas se vão apropriando, por todos os processos, de nossos terrenos petrolíferos, para utilização futura, quando se esgotarem os campos que elas exploram em outros países. Essa denúncia é a expressão rigorosa da verdade.

Existe por esse pobre Brasil afora um vasto império, bem instalado, de interesses estrangeiros com seus direitos de cidadania assegurados em todo o subsolo do território pátrio, para o fim de *"não deixar tirar petróleo"*.

Em abono de seu asserto, Monteiro Lobato transcreve em seu depoimento uma carta que recebeu da Argentina, subscrita por Harry Koller, ex-geólogo da Standard Oil no rio da Prata e no Brasil, contendo as mais preciosas informações, de fonte isenta de suspeitas. São elas, em resumo, as seguintes:

1º – Que, como geólogo da Companhia Geral Pan-Brasileira de Petróleo (que é a mesma Standard Oil of Argentina S/A), localizou, durante quatro anos de trabalho, para sua empresa, doze estruturas petrolíferas em diferentes estados brasileiros;

2º – Que a Standard Oil, por suas filiadas, desenvolveu um programa metódico e constante de organização de contratos de subsolo, sendo que a esse tempo só a Pan-Geral Brasileira e outra (*veremos adiante que há várias outras*) possuíam mais de dois mil alqueires em anticlinais de primeira classe em São Paulo e no Paraná;

3º – Que as empresas monopolizadoras são contrárias à abertura de fontes de petróleo no Brasil, em virtude da superprodução mundial, estando todo o seu interesse concentrado em manter a nossa escravização petrolífera;

4º – Que *"dadas as atuais condições"*, a saber, as circunstâncias decorrentes da nova legislação, trataram de acaparar previamente todos os terrenos potencialmente petrolíferos, PARA IMPEDIR A EXPLORAÇÃO.

Todo o conteúdo das revelações de Harry Koller é rigorosamente verdadeiro.

Tomemos, por exemplo, duas regiões indicadas pelo geólogo americano: a de Piraju, em São Paulo, e a de Ribeirão Claro, no Paraná.

Tendo Washburne, quando em serviço do governo de São Paulo, localizado um anticlinal em Belo Monte, na comarca de Piraju, conforme se verifica das suas conclusões publicadas no relatório da Secretaria da Agricultura de 1928 (páginas 298 a 324), para aquela cidade afluíram diversos geólogos estrangeiros e dois diretores de companhias estrangeiras batizadas de nomes nacionais: o senhor Ivar Hoppe, da Pan-Geral Brasileira de Petróleo; e o senhor doutor Luiz Oscar Taves, da Companhia Brasileira de Petróleo. A Pan-Geral é Standard. A Brasileira é outro *trust*. Dentro em pouco iremos identificá-las convenientemente.

Na fazenda dos irmãos Furlan, em Belo Monte, abriu-se um poço com uma sonda do governo federal. Quando o poço principiou a revelar petróleo de um modo positivo, e com violentas explosões subterrâneas, foi interrompido. Tentaram obstruí-lo com cimento armado, porém os irmãos Furlan a isso se opuseram, como no-lo narram na carta já referida. Paralisaram-se os trabalhos completamente em 1930.

Mas os diretores das citadas entidades empenharam-se em obter arrendamentos do subsolo de todos os proprietários da zona recomendada, mediante as seguintes bases essenciais: os proprietários conservariam a liberdade de cultivar a superfície; as companhias deveriam iniciar as perfurações dentro de um ou dois anos, e, enquanto não o fizessem, no prazo comum de dez anos de todos os contratos, ficavam obrigadas a pagar uma multa anual de 10 mil réis por alqueire contratado.

Oferecemos, em anexo, dois exemplares desses contratos, celebrados por escritura pública no primeiro cartório daquela comarca. Um, em 21 de maio de 1931, entre os senhores Francisco Alves de Almeida e sua mulher, como senhores de um sítio de doze alqueires, e a Companhia Pan-Geral Brasileira de Petróleo, representada pelo seu presidente senhor Ivar Hoppe e este pelo seu procurador senhor Leônidas de Carvalho. Outro, em 3 de junho de 1931, entre os senhores Manoel Joaquim Vieira e sua mulher, como donos de um sítio de cinquenta e quatro alqueires, e a Companhia Brasileira de Petróleo, representada pelo seu procurador doutor Luiz Oscar Taves. Iguais a esses foram lavrados 52 contratos no primeiro tabelionato de Piraju, sendo 46 da Pan-Geral e seis da Brasileira. Contrataram com a Pan-Geral os seguintes proprietários:

1 – André Martins Crespo e sua mulher.
2 – Lázaro da Silva Leme e sua mulher.
3 – José Anicésio Pena, sua mulher e outros.
4 – Dona Leopoldina Mariana de Faria e outros.
5 – João Dall'Agnolo e sua mulher.
6 – Victorio Vecchia e sua mulher.
7 – Pedro Bonametti e sua mulher.
8 – Antonio Alves da Silva e sua mulher.
9 – Joaquim Alves Martins e sua mulher.
10 – Antonio Martins de Araújo e sua mulher.
11 – Benedicto José Gonçalves e sua mulher.
12 – Coronel Joaquim Rodrigues Tucunduva.
13 – João Dias e José Leme de Brito e suas mulheres.
14 – Antonio Ignacio Franco, sua mulher e outros.
15 – José Rodrigues de Camargo.
16 – José Pedro da Silva Leme e sua mulher.
17 – João Leme de Oliveira e sua mulher.
18 – Lázaro da Silva Leme e sua mulher.
19 – Doutor Claro Cesar e sua mulher.
20 – Martim Wolf e sua mulher.
21 – José Generoso da Costa e sua mulher.
22 – Elias de Souza Oliveira e sua mulher.
23 – Francisco Alves de Almeida e sua mulher.
24 – Miguel Leonel Ferreira e sua mulher.

25 – José Lopes Olmo e sua mulher.
26 – Mariano Jodar e sua mulher.
27 – Sinibaldo Caramaschi e sua mulher.
28 – Manoel Alher e sua mulher.
29 – José Lucio Ferreira e sua mulher.
30 – Antonio Cestari e sua mulher.
31 – Pedro Leme de Brito e sua mulher.
32 – João Leme de Brito.
33 – Dona Rita Maria Francisca.
34 – Matheus Benedicto Dias, sua mulher e outros.
35 – Candido Leme de Brito e sua mulher.
36 – Apparecido Cabral e sua mulher.
37 – João Eiras e sua mulher.
38 – Antonio Ignacio, sua mulher e outros.
39 – Francisco Pereira da Silva e sua mulher.
40 – João Domingues de Oliveira e sua mulher.
41 – Ataliba de Castro Negrão e outros.
42 – Thomaz Martos Porcel e sua mulher.
43 – Isaías Assis de Paiva, sua mulher e outros.
44 – Adriano Custódio de Souza e sua mulher.
45 – Lázaro Marcelino da Motta e sua mulher.
46 – Indalécio Fernandes e sua mulher.

Contrataram no mesmo ofício com a Companhia Brasileira de Petróleo os seguintes agricultores:

47 – Jorge Mello e sua mulher.
48 – Jorge A. Jeffery e sua mulher.
49 – Mario Martinelli, sua mulher e outros.
50 – Coronel Antonio Eulálio de Carvalho.
51 – Manoel Joaquim Vieira e sua mulher.
52 – José Gery e sua mulher.

No cartório do segundo tabelião de Piraju encontram-se mais sete contratos com a Companhia Brasileira de Petróleo, o que eleva a 59 o total das escrituras públicas de concessões do subsolo, incluindo-se mais os seguintes proprietários:

53 – Maximo Barradas.
54 – Salvador Cortez.[15]
56 – Antonio Maximiano de Godoy.
57 – Carlos Nillo de Morais.
58 – Justino Francisco da Rocha.
59 – João Severino da Rosa.

E passemos agora a Ribeirão Claro, na vizinha fronteira do Paraná, em que Washburne também localizou outro anticlinal.

Nessas localidades as duas empresas contratadoras conseguiram mais 69 convênios iguais, também por escrituras públicas, passadas nos seus cartórios, sendo 23 da Brasileira e 46 da Pan-Geral, o que perfaz, somente nesses dois municípios, o belo total de *128 contratos de subsolo*. O senhor Taves, da Brasileira, obteve os seguintes clientes:

60 – João Carlos de Faria.
61 – Carlos Stirti.
63 – Fernando Martini.
64 – Francisco de Oliveira Carvalho.
65 – Apparicio Alves de Campos.
66 – Desiderio Gavioli e filhos.
67 – Antonio Thomaz Camilo Ruas.
68 – Joaquim Correia.
69 – Eugenio Minghini.
70 – Maria Delfina de Jesus, filhos e genros.
71 – João Pereira da Silva.
72 – Augusto Seraphim.
73 – José Paulino Rodrigues de Aguiar.
74 – Virgilio e Victorio Chiarotti.
75 – Menores Benedicta Pereira da Silva e seus irmãos.
76 – Carlos Campana.
77 – João Baptista Amadeu.
78 – Estevam Callegari.
79 – Pelegrino Piolli.
80 – José Lino de Almeida.

[15] *Na edição de 1946 não constam os itens 55 e 62. Sem eles a soma dos contratos mencionados aqui não está correta. Nota da edição de 2010.*

81 – Fortunato Salvalaggio.

82 – Antonio Pedron e outros.

Com o senhor Ivar Hoppe, presidente da Pan-Geral, representado pelo senhor Leônidas de Carvalho, assinaram contratos as seguintes pessoas:

83 – Baptista Minghini.

84 – João Rosso.

85 – José Rodrigues de Almeida.

86 – Pedro Ross.

87 – Pedro Amadeu.

88 – Leodor Benedicto da Silva.

89 – Mario Frigieri.

90 – Salvador Frigieri.

91 – José Francisco Adolpho.

92 – Eugênio Antonio Pinto.

93 – Paulo Baccon.

94 – Ricardo Denobi.

95 – Anacleto Campos.

96 – Sebastião Antunes Ferreira.

97 – João Baccon.

98 – Juvenal Antunes Ferreira.

99 – Lourenço Maximiliano da Cunha.

100 – Benedicto Cirelli e outros (menores).

101 – Apparicio Leonel de Carvalho (menor).

102 – Bernardino Pereira Padilha.

103 – Felicio Minghini.

104 – Manoel Alves de Campos.

105 – Antonio Panichi.

106 – Donaria Maria de Jesus.

107 – Salvador de Campos e Joaquim Correia Barbosa.

108 – Giacomo Biagio.

109 – Antonio Cirelli.

110 – Felício Minghini.

111 – Leopoldina Maria de Jesus e outro.

112 – Giacomo Biagio (outro).

113 – Ruginini Maria e outros.

114 – Pedro de Lorena Neia.
115 – Venerando José da Silva e outros.
116 – Joaquim Roque Teixeira.
117 – Francisco Bernardo Neia.
118 – Anacleto Matavelli.
119 – Benedicto Correia Ferraz.
120 – Alfredo Cirelli e outros.
121 – Sebastião Manoel dos Santos.
122 – José Manoel dos Santos.
123 – Olinda Leonel de Carvalho (menor).
124 – Álvaro Cesar de Camargo.
125 – João Amadeu Baptista.
126 – Frederico Gardi e outros.
127 – Moysés Rahuam.
128 – Sebastião Manoel dos Santos.

Os contratos de Piraju e de Ribeirão Claro são a documentação indiscutível, incontrastável, peremptória da verdade das acusações que Monteiro Lobato formulou e da sinceridade da carta que Koller lhe dirigiu. Há que analisar a extrema gravidade dessa situação. Antes, porém, atentemos bem na técnica contratual, maduramente pensada e aplicada pelos departamentos especializados dos *trusts*.

Eles estatuem uniformemente, por um prazo decenal, *a exclusividade* de prospecção, pesquisa, descoberta, exploração, extração e produção de óleo. Desde que UM POÇO seja perfurado nesse tempo, *será prorrogado o prazo por igual período subsequente de dez anos*, e assim indefinidamente, *enquanto não se esgotarem as jazidas*. Se pelo menos um poço *não for iniciado (note-se bem, apenas* INICIADO) dentro de um ano, pela Pan-Geral, ou dentro de dois, pela Brasileira, *as empresas se obrigam a pagar aos proprietários anualmente, no decurso do contrato, 10 mil réis por alqueire da área estipulada e assim sucessivamente até o início da perfuração do primeiro poço*. Na falta de INÍCIO DE PERFURAÇÃO desse primeiro poço, OU NA FALTA DOS PAGAMENTOS A SEREM FEITOS EM VEZ DO INÍCIO DA PERFURAÇÃO, os proprietários terão direito à rescisão do contrato. A esse respeito somos seguramente informados de que os pagamentos vêm sendo efetuados com rigorosa pontualidade. Todos os anos o pagador oficial de cada empresa corre a sua zona e salda o *foro especial de não perfuração*. Isto é, *pagam para não furar*. Não perfurar é impedir produção. Impedir produção é assegurar o consumo procedente do exterior. Os Césares do petróleo não haviam mesmo de admitir que de seu Império escapasse a grande providência de consumo do Brasil. Habilmente inventaram então a fórmula de o senhor pagar um foro de benefício aos servos para que a servidão continue. O que eles acaso despendam nessas anuidades ser-lhes-á, se necessário, imediatamente reposto com um pequeno acréscimo de tabela nas bombas de gasolina que nos abastecem. Os donos dos terrenos de São Paulo, Paraná, Mato Grosso e outras regiões ganham esse tributo de César para que o Brasil permaneça na escravização econômica do petróleo.

Essa dura escravização está garantida inicialmente *pelo menos por dez anos*, dentro dos quais os proprietários, mediante uma indenização irrisória, aceitam o jugo dos contratos. Eles não são os culpados diretos. Culpado direto é o Departamento Nacional que os mantém na ignorância das riquezas de seu subsolo, com a tese oficial de que em tais zonas não há possibilidade de petróleo. Não admira, pois, que o proprietário territorial, desiludido pelo órgão técnico da administração, aceite a primeira proposta que lhe proporciona uma renda qualquer. A inconsciência não é deles. É das altas esferas dirigentes.

Que houve depois de 1936?

Estou escrevendo esta parte muito depois de finda a luta pelo petróleo, a *Mein Kampf* que durou desde 1931, por ocasião do aparecimento da Cia. Petróleos do Brasil, até 1941, ano da minha condenação pelo Tribunal de Segurança. Durante a maior parte desse tempo lutei com todas as armas – o jornal, o livro, o panfleto, a conferência, a formação de companhias, a perfuração de poços – e as coisas se iam equilibrando. Mas veio o golpe de Estado de 1937. Desapareceram como sorvete ao sol todas as liberdades civis. A imprensa foi amordaçada. Uma ditadura gosmenta envolveu o país inteiro num visgo de mentira onímoda. A derrota dos que teimavam em dar petróleo ao Brasil tornou-se inevitável.

O Departamento Mineral passara a dispor de todos os meios de compressão, e as empresas nacionais estavam impedidas até de gemer. E para que a vitória do Não Petróleo fosse perfeita surgiu inopinadamente um monstro administrativo denominado *Conselho Nacional do Petróleo*. Que história é essa? Pois se não há petróleo no Brasil, como afirma o governo, para que um Conselho do que não existe? O povo a princípio não entendeu, mas começou a entender quando viu no comando do Conselho um general. Sim, fosse o Conselho uma coisa apenas técnica e o seu diretor tinha de ser um técnico; se punham na direção um general absolutamente leigo em matéria de petróleo, então, não havia dúvida, os verdadeiros fins do Conselho eram mavórticos – eram matar de vez as companhias nacionais de petróleo, extinguir a tiro de canhão o movimento popular pró-petróleo, amordaçar com granadas de mão a boca dos pioneiros, realizar, em suma, perfeitos atos de guerra contra um inimigo.

E nunca houve um general tão ajustado à missão. Escorado pela Ditadura, livre de qualquer crítica por parte da imprensa, onipotente no "comando" do Conselho – um grupo de tímidas ovelhas que só diziam "mé" – esse homem comportou-se com a arrogância dum *gauleiter* ou dum Protetor da Boêmia e da Morávia.

Ao advogado de uma de nossas companhias que, polida e civilizadamente, o procurou para acentuar a ilegalidade dum ato do Conselho, enfunou-se todo e disse em tom passo de ganso: "A Lei sou eu. Sou a Lei Viva". Os países em que a imbecilidade insolente chega a tais cumes, sem que o povo reaja com a vassoura da purga, acabam miseravelmente como a Alemanha, o país donde vinham todos os figurinos da grosseria.

O Conselho venceu. Matou uma a uma todas as companhias nacionais de petróleo, e não lhes permitiu nenhuma declaração pelos jornais – a fim de pô-las mal perante os acionistas. O Conselho acusava publicamente as companhias e não lhes permitia que se defendessem. A infâmia era perfeita. E os jornais foram proibidos de falar em petróleo, nem que fosse academicamente.

Apesar da Lei Viva na direção do Conselho, fizeram-se necessários muitos decretos e leis comuns para a destruição integral das companhias. E essas armas de guerra foram vindo em sucessão, a partir do Código de Minas decretado em 1934 – essa Declaração de Guerra ao Petróleo Nacional.

O ditador não era só. Subdividia-se em vice-ditadores, sub-ditadores, infraditadores, através de todos os seus auxiliares, órgãos autárquicos, órgãos técnicos etc., cada qual formulando novas disposições inexistentes em leis do primeiro ditador – e isso deu atribuições legislativas até a simples escriturários.

O Conselho Nacional do Petróleo viveu legislando à vontade em casos particulares e criou uma lei para cada um, já que o seu presidente era a própria *lei viva*... Certa feita, na questão de validade de um documento, votaram contra cinco e a favor dois; o presidente declarou: "Tendo havido empate, voto por desempate a favor...".

As leis dessa natureza, leis *ad hoc* do Conselho, são inumeráveis e inumeradas... e não constam da relação seguinte.

Leis do petróleo

1 – Código de Minas – Dec. 24.642 de 10-7-1934.

2 – Dec. 24.673 de 11-7-1934: Cria as taxas dos Códigos de Minas e Águas.

3 – Lei 94 de 10-9-1935: Prorroga o prazo fixado no art. 1° do Código de Minas.

4 – Dec. 371 de 8-10-1935: Transfere ao estado de Minas atribuições de concessão de minas e jazidas.

5 – Dec. 585 de 14-11-1936: Regula as áreas de autorização e pesquisas.

6 – Dec. 1.657 de 18-5-1937: Altera o limite de áreas do Dec. 585 de 1936.

7 – Constituição de 10-11-1937: Dispõe sobre minas e jazidas.

8 – Dec.-lei n. 66 de 14-12-1937: Declara em vigor, com modificações, o Código de Minas e leis subsequentes e determina as bases de sua execução.

9 – Dec.-lei n. 366 de 11-4-1938: Incorpora ao Código de Minas novo título instituindo novo regime legal do petróleo.

10 – Dec.-lei n. 395 de 29-4-1938: Declara de utilidade pública a importação, exportação, transporte, distribuição e comércio do petróleo e a indústria de refinação de petróleo importado ou não e cria novas exigências para a incorporação de sociedades dessa natureza.

11 – Dec.-lei n. 538 de 7-7-1938: Organiza o Conselho Nacional do Petróleo.

12 – Dec.-lei n. 938 de 8-12-1938: Estabelece a autorização prévia do governo para o funcionamento das sociedades de mineração de petróleo.

13 – Dec.-lei n. 961 de 17-12-1938: Modifica o Decreto-lei 395 criando a exigência de nacionalidade brasileira para todos os acionistas.

14 – Aprovação do presidente da República ao parecer do procurador-geral da República interpretando a questão da nacionalidade brasileira (*Diário Oficial* de 2/1/ 1939).

15 – Dec.-lei 1.217 de 24-4-1939: Transfere ao Conselho Nacional do Petróleo a atribuição de processar as autorizações e concessões.

16 – Dec. 4.071 de 12-5-1940: Regula o abastecimento nacional de petróleo.

17 – Dec.-lei n. 1.369 de 23-6-1939: Transfere para o Conselho Nacional do Petróleo o material do Ministério da Agricultura para a pesquisa e lavra do petróleo e gases naturais.

18 – Decreto-lei de 29-1-1940: Promulga o novíssimo Código de Minas, publicado no *Diário Oficial* de 30-1-1940.

19 – Retificação do § 2º do art. 3º do mesmo Código, publicada no *Diário Oficial* de 10-2-1940.

20 – Decreto-lei 2.627 de 26-9-1940 que, regulando as sociedades anônimas, interferiu na organização das sociedades de petróleo.

21 – Decreto-lei n. 3.236 de 7-5-1941: Modifica o Código de Minas de 29-1-1940, instituindo *novo regime legal das jazidas de petróleo* e introduziu novos dispositivos sobre a organização e o funcionamento das empresas de petróleo.

Desde a Constituição de 1937 as leis subsequentes foram restringindo o direito de organização das empresas de petróleo, excluindo gradualmente, de toda e qualquer forma, a participação do capital ou elemento estrangeiro, mesmo os naturalizados brasileiros.

O cúmulo dessa restrição figura no parecer de 2-1-1939, da Procuradoria-Geral da República, aprovado pelo chefe do Estado, em resposta a consultas do Conselho Nacional do Petróleo. Concluiu tal parecer: 1º) que o brasileiro nato, casado com estrangeira, no regime da comunhão de bens, não podia ser acionista de empresas exploradoras da indústria do petróleo; 2º) que, da mesma maneira, não podia ser acionista de empresas para fins de mineração.

Foram dados efeitos retroativos a todas essas leis de organização das empresas, de sorte que, de asfixia em asfixia, em

1941 todas já estavam sepultadas no cemitério oficial do petróleo. Extinguiu-se o movimento popular pró-petróleo nacional. Firmou-se a escravização do Brasil aos *trusts* onipotentes. O pedestal de miséria do povo em que as classes altas se assentam consolidou-se; não mais a hipótese de desagregá-lo, de desfazer a miséria de dois terços do país por meio do enriquecimento que o petróleo traria, como trouxe a todos os países em que foi revelado e explorado.

Dezenas de milhares de contos da economia popular postos em ações das empresas de petróleo ficaram totalmente perdidos. Nunca um general obteve mais completa vitória. E como seria incoerência continuar como o Coveiro das companhias nacionais de petróleo, pois não havia nenhuma desenterrada, o general Lei Viva passou a zelar pela sua vitória contra o Brasil – passou ao cargo de Zelador do Cemitério do Petróleo.[16]

---

[16] *Há o caso do geólogo polonês que apareceu no Rio de Janeiro, ao tempo em que era ministro da Agricultura o senhor Fernando Costa. Era um sábio de renome europeu, e da visita que fez ao ministro resultou a ideia duma sua conferência sobre o petróleo em geral. Fernando Costa providenciou tudo, sala para a conferência, convites etc. Mas nada se realizou porque horas antes da conferência a polícia apareceu no hotel onde se hospedara o sábio, agarrou-o e levou-o para a cadeia. Com ordem de quem? Do general Horta Barbosa, presidente do Conselho Nacional do Petróleo. Por quê? Porque o sábio polonês, sem sua licença, ia falar sobre um tema proibido, o petróleo. E o ministro da Agricultura lutou para arrancar o prisioneiro às garras do general... Nota da edição de 1946.*

Última reação dos petroleiros

Impossibilitados de trabalhar nos poços em andamento, impossibilitados de se defenderem em público, com todos os ventos contrários, o desânimo nas hostes petroleiras se tornou absoluto. A Cia. Petróleos do Brasil, com o seu belo poço do Araquá já em 1.530 metros, não podia prosseguir no avanço, porque as leis retroativas a manietavam. A Companhia propôs ao Conselho uma solução prática: prosseguir na perfuração do poço do Araquá, com a subvenção que o governo de São Paulo lhe estava dando; entrementes continuaria na tarefa de nacionalização dos seus acionistas imposta pelo Conselho. Se por acaso o poço viesse a dar petróleo antes de concluída a nacionalização, o Conselho fecharia o poço e fixaria para a Petróleos um prazo para completar a nacionalização. Se a Petróleos não o fizesse dentro do prazo, o poço passaria a pertencer ao governo federal.

Essa proposta foi levada ao presidente Getúlio pelo próprio interventor Adhemar de Barros. O presidente concordou, achou muito justa e boa a proposta; mas como havia um departamento petrolífero – o Conselho Nacional do Petróleo –, ele que fosse ter com esse órgão e trouxesse de lá o decreto sobre o assunto discutido, para ser assinado.

O interventor Adhemar de Barros foi ter com o general Lei Viva, expôs-lhe o caso e comunicou a determinação do presidente da República. O general enfezou-se todo, perfilou-se e disse:

– "Não me fale mais nesse assunto. O poço dessa companhia não irá para a frente porque nós não queremos, e para manter a nossa determinação recorreremos até a força militar, se for preciso".

Diante de tal decisão, o interventor de São Paulo e o presidente da República encolheram-se...

A Cia. Mato-Grossense, com duas sondas montadas em Porto Esperança, não tinha licença de pô-las em movimento. O poço da Cia. Nacional de Petróleo, de Alagoas, que estava sendo aberto no ponto marcado pelos geofísicos da ELBOF, não pôde passar de 400 e poucos metros. Proibido de avançar! A mesma coisa com as outras empresas ainda não de todo mortas.

Nessa altura, engulhado com tamanha infâmia, enderecei ao presidente da República a seguinte carta:

São Paulo, 5 de maio de 1940.

Doutor Getúlio:

O Petróleo! Nunca o problema teve tanta importância; e se com a maior energia e urgência o senhor não toma a si a solução do caso, arrepender-se-á amargamente um dia, e deixará de assinalar a sua passagem pelo governo com a realização da Grande Coisa. Eu vivi demais esse assunto. No livro *O ESCÂNDALO DO PETRÓLEO* denunciei à nação o crime que se cometia contra ela – e com a maior dor de coração vejo hoje que o oficialismo *persiste nesse crime*, e agora armado duma arma que não existia antes: o monstruoso tanque chamado CONSELHO NACIONAL DO PETRÓLEO.

Doutor Getúlio, pelo amor de Deus ponha de lado a sua displicência e ouça a voz de Jeremias. Medite *por si mesmo* no que está se passando. Tenho a certeza de que se assim o fizer tudo mudará e o pobre Brasil não será crucificado mais uma vez.

Histórico

A procura do petróleo era uma atividade aberta a todos os brasileiros e na qual muita gente, nos últimos anos, começava a empenhar-se. Surgiram empresas novas. O capital principiava medrosamente a interessar-se pelo assunto. Os obstáculos eram os obstáculos naturais do negócio, e os artificiais criados pelas entidades que nos vendiam petróleo e muito naturalmente não queriam que tivéssemos petróleo próprio. Mas íamos vencendo a campanha. Eu e meus amigos conseguimos formar três companhias novas. E tal foi o vulto do movimento petrolífero que o governo, que jamais no Brasil cuidara do petróleo, entrou em cena e, com as melhores intenções, criou o CONSELHO NACIONAL DO PETRÓLEO.

Mas rapidamente esse órgão fugiu à sua missão. E tais coisas pôs-se a fazer, que convenceu o povo de que o *Governo não quer que os brasileiros tirem petróleo.* Também se vai generalizando a opinião de que a política oficial obedece, mais do que nunca, aos interesses do imperialismo da Standard Oil, dona do mercado nacional, *visto como o resultado da política do CONSELHO só beneficia a essa entidade.*

Parecerá absurda semelhante afirmação, porque nas falas do CONSELHO as palavras "pátria" e "nacionalismo" dançam um foxtrote no palco dos "considerandos" justificatórios – mas no fim da dança só saem ganhando as companhias estrangeiras que nos vendem petróleo. Quanto mais retardarmos a criação da grande indústria petrolífera, tanto melhor para elas – e outra coisa não faz o CONSELHO, 1) com a perseguição sistemática às empresas nacionais; 2) com o amontoamento de embaraços legais à exploração do subsolo; 3) com a ideia secreta do monopólio oficial; e finalmente 4) *com o tiro de misericórdia que, sub-repticiamente, acaba de dar em nossas companhias com o Decreto-lei 2.179 de 8 do mês passado.*

QUI PRODEST?

Na investigação dum crime o primeiro passo dos criminologistas é estudar a quem o crime aproveita. *QUI PRODEST?* – A QUEM APROVEITA? Pois bem: não há um só ato do CONSELHO que, próxima ou remotamente, não aproveite ao polvo Standard Oil – e só a ele...

Destruição das companhias nacionais

Os Estados Unidos abriram o primeiro poço em Titusville em 1859. Um ano depois já havia lá 174 poços e dezenas de companhias novas. E o movimento foi em marcha ascensional até chegar à média de vinte mil poços por ano, na qual se mantém até hoje.

O Brasil abriu o primeiro poço de petróleo no Lobato, em 1938. Um ano depois estava com *três poços a menos* e três companhias feridas de morte pela ação do Conselho! Neste andar, quando chegaremos aos vinte mil poços por ano dos Estados Unidos?

Vamos aos fatos.

A CIA. PETRÓLEOS DO BRASIL estava perfurando em São Paulo o poço do Araquá, e já o havia levado a mil, 1.530 metros. O Conselho *mandou parar* essa perfuração e trancou a companhia!

A CIA. CRUZEIRO DO SUL, também em São Paulo, estava parada, mas com um poço a 430 metros de profundidade; ia organizar-se para prosseguir na perfuração, quando o Conselho lhe *cortou* braços e pernas.

A CIA. MATO-GROSSENSE DE PETRÓLEO, que se constituiu em 1938, está com *duas* sondas montadas em Porto Esperança, mas *até agora não foi reconhecida* pelo Conselho, *não podendo*, portanto, trabalhar.

A CIA. PETRÓLEO NACIONAL, de Alagoas, encontra-se na mesma situação.

Restam a ITATIG e a COPEBA, das quais não tenho conhecimento da vida interna.

Os fatos são estes, e contra fatos de nada valem sofismas. Esses fatos tornam bem clara a política do Conselho: *impedir que as empresas nacionais trabalhem, impedindo assim que o Brasil tenha petróleo em abundância*; ficar toda a vida com os pocinhos oficiais do Lobato – e é exatamente o que o Polvo Standard quer, porque assim continuará dono do nosso mercado interno e sem o perigo dum novo concorrente no mercado mundial.

Os pretextos

Nunca faltam pretextos às políticas de segundas intenções. Para que o Conselho pudesse executar o seu programa de massacre, promulgaram-se duas leis horrorosas, que em meu livro denunciei como gestadas pela Standard e paridas pelo nosso nacionalismo ingênuo.

Uma é a Lei de Minas, na qual se criam tantos embaraços à exploração do subsolo que ninguém mais se atreve a pensar nisso. Outra é a Lei do Petróleo, que pôs nas mãos do Conselho todas as armas para a completa aniquilação dos esforços do país na exploração do petróleo.

A ideia central dessas leis é a *nacionalização do capital*. Mas houve uma insidiosa confusão. Evitar que o capital estrangeiro se aposse das nossas reservas minerais é coisa plenamente justificável; mas *impedir que o estrangeiro que está no Brasil se torne acionista das empresas é maldade pura*. Esses estrangeiros – um português aí do Rio, que veio mamando e aqui enriqueceu; um italiano cá de São Paulo que veio há cinquenta anos e também aqui enriqueceu – *são detentores de capital nacional, são comparticipantes do Capital Nacional*; impedir que sejam acionistas de petróleo é maquiavelismo puro, cujo único fim foi, *sob capa de nacionalismo*, fazer que a parte maior do *capital nacional disponível* (justamente a que está na posse desses homens) não pudesse contribuir para o desenvolvimento da indústria do petróleo, desse modo agravando as dificuldades de dinheiro das empresas nacionais. Matarazzo pode dirigir uma gigantesca indústria de alimentos, coisa que diz diretamente com a nossa vida e saúde – mas não pode tomar uma ação de 100 mil réis numa empresinha de petróleo! Um nacionalismo que raciocina desse modo, evidentemente não pensa com o cérebro – sim com qualquer membro menos nobre do corpo.

Com essa exigência, a nossa "política secreta" do petróleo deu o golpe número um nas empresas nacionais, retirando-lhes o concurso de DOIS TERÇOS do *capital nacional*. O segundo golpe foi, aproveitando-se dessa grotesca disposição de lei, exigir que companhias *formadas há anos, dentro das leis vigentes na época*, expulsassem os acionistas estrangeiros. O Conselho *manda* expulsá-los, *mas não diz como*, esquecido de que esses acionistas *estão assegurados* por todas as nossas leis. Existe uma coisa chamada Código Civil, que o Conselho na sua inópia desconhece. Esse Código não prevê essa *expulsão* desejada pelo Conselho.

E desse modo as nossas quatro companhias ficaram sem saber como agir: dum lado, o Conselho com a sua proibição: *não pode trabalhar enquanto houver entre os acionistas um só português ou italiano*; do outro lado, o Código Civil garantindo a propriedade desses portugueses e italianos...

Mas houve uma companhia, a MATO-GROSSENSE, que realizou o milagre: desembaraçou-se de *todos* os acionistas estrangeiros, apresentando certidão de nacionalidade brasileira de todos os seus subscritores. Pois bem: apesar de já estar constituída há um ano e oito meses, o Conselho *continua sabotando essa companhia*, impedindo-a de trabalhar, negando-lhe a declaração de "companhia nacionalizada".

Não está mais que clara a intenção malevolente?

Monopólio petrolífero

A opinião pública anda convencida de que é ideia secreta do governo monopolizar o petróleo. Mas se é assim, por que não o faz? O Estado Novo tem nas mãos todos os elementos necessários para isso. Agir como está agindo será tudo, menos honesto. Porque o que o Conselho está fazendo não passa disto: *aniquilamento das companhias por inanição, para não ter de indenizar os acionistas.*

O honesto, o decente, seria oficializar o petróleo e encampar as empresas, indenizando os acionistas. Esses acionistas, aos milhares, são gente do povo, que por mero idealismo empatou suas magras economias em ações de empresas que os capitalistas grossos refugavam.

A PETRÓLEOS DO BRASIL tem um capital de 3 mil contos, distribuído entre 1.200 acionistas. A CRUZEIRO DO SUL tem um capital de 6 mil contos, distribuído entre uns 15 mil pequenos acionistas. A CIA. PETROLÍFERA BRASILEIRA, que nem chegou a constituir, tinha um capital de 20 mil contos de uns dez mil acionistas. O capital da MATO-GROSSENSE é de 20 mil contos, de treze mil acionistas, que as compraram em prestações e ainda as estão pagando. O capital da CIA. PETRÓLEO NACIONAL, de Alagoas, é também de 20 mil contos, só em parte subscrito por alguns milhares de acionistas.

Para não restituir o dinheiro dessa pobre gente, o Conselho foge de adotar a encampação; prefere ir matando as empresas no garrote, uma por uma. Que adjetivo merece tal política?

Outro aspecto do monopólio é a *impossibilidade* de o governo criar por esse meio a grande indústria de petróleo que o Brasil precisa. O senhor não ignora a incapacidade do estado no mundo inteiro para dirigir empresas industriais, incapacidade por demais evidente no Brasil. O Lloyd Brasileiro e a Central do Brasil são exemplos típicos e eternos. Perpétuas fontes de desastres, de desordem e déficits. A indústria do petróleo, oficializada pelo governo, viria fazer desse duo um trio, com tremendos gravames para o tesouro e péssimo serviço para o público. Quem, em consciência, negará isto?

E onde o governo descobriria os milhões de contos necessários para a criação dessa indústria? Tão grandes são as exigências de capital na montagem da indústria do petróleo, que só com o concurso de todo a país o conseguiremos, como se deu nos Estados Unidos e em todos os países que a tem. *País nenhum* ainda monopolizou o petróleo. A Argentina criou os Yacimientos Fiscales, instituição semioficial, *mas deixou livre a exploração pelos particulares.* Não houve monopólio, como o Conselho parece querer instituir aqui. E mesmo assim foram necessários mais de 1 milhão de contos para movimentar os Yacimientos. Onde o nosso governo vai achar esse dinheiro? Mas não quero fugir ao ponto. O ponto é este: se o governo quer monopolizar o petróleo, que o faça, mas encampando as companhias particulares, e indenizando o povo do dinheiro que a elas forneceu. Ficar no jogo atual do Conselho, de ir matando as companhias, é política merecedora dos piores qualificativos do dicionário. Consulte a sua consciência, doutor Getúlio, e veja se é ou não é assim.

A INEFICIÊNCIA OFICIAL

A prova na ineficiência e incompetência dos órgãos oficiais em matéria de petróleo tivemo-la no caso do Lobato. Quem descobriu aquele petróleo foi Oscar Cordeiro,[17] e levou anos em luta com o Departamento Mineral (do qual o Conselho é hoje o digno sucessor) para que lá se fizessem os necessários estudos e perfurações. O Departamento afinal moveu os seus insignes técnicos e estudou a zona. Os resultados desse estudo aparecem no Boletim do Ministério da Agricultura, de abril-junho de 1934. As conclusões são estas:

> ESTA LOCALIDADE (LOBATO) DO PONTO DE VISTA DA GEOLOGIA DO PETRÓLEO É POSITIVAMENTE DESFAVORÁVEL À PRESENÇA DE HIDROCARBONETOS... O CONJUNTO GEOTECTÔNICO DESSE LOCAL É ABSOLUTAMENTE NEGATIVO... OS ELEMENTOS TÉCNICOS ATESTAM DE MANEIRA FORMAL A NÃO EXISTÊNCIA DE JAZIDAS PETROLÍFERAS NO LOBATO... ESTÁ PROVADA À SACIEDADE A INEXISTÊNCIA DE DEPÓSITOS PETROLÍFEROS NO LUGAR DENOMINADO LOBATO, NA BAHIA.

Nada mais positivo, nada mais categórico, nada mais perfeito, em matéria de negação – *e no entanto foi exatamente naquele ponto que surgiu o primeiro poço de petróleo do Brasil*, historicamente tão importante como o de Titusville nos Estados Unidos! Ora, o povo não é idiota; sabe disso e ri-se quando o Departamento Mineral ou o Conselho afirmam qualquer coisa, porque sabe que o Conselho é o mesmo Departamento com outro nome – a mesmíssima gente, a mesmíssima mentalidade.

---

[17] *Acaba de ser preso e demitido do cargo de diretor da Bolsa de Mercadorias, que ele próprio fundou... Nota da edição de 1946.*

Que cumpre fazer

O que cumpre é fazer exatamente o contrário do que está sendo feito.

1) Substituir a indecorosíssima Lei de Minas, toda ela tendente a embaraçar a exploração do subsolo, por uma lei que venha fomentá-la. A Lei de Minas é tão monstruosa, que depois de promulgada *ninguém mais fez coisa nenhuma com o subsolo*; e os raros que o tentam logo desanimam. Não foi lei feita para harmonizar os interesses privados com os públicos, mas para impedir, para *obstruir*, para *obstar*, para *trancar* – e o está conseguindo maravilhosamente!

2) Substituir também a Lei do Petróleo, que é pior que a de Minas, pois inventou novos embaraços esquecidos nesta.

Os efeitos da Lei do Petróleo já se tornaram patentes nos poucos meses de sua vida: poços fechados, companhias impedidas de funcionar, e *nenhuma* empresa nova formada. Isto é altamente significativo, doutor Getúlio. Em todos os países o aparecimento do petróleo determina a oil fever – a febre do petróleo. Pululam imediatamente inúmeras empresas novas, o capital acode em crescente afluxo, e a coisa não para mais. Aqui foi o contrário. Depois de revelado o petróleo na Bahia, tudo morreu. A febre foi às avessas. O capital retraiu-se. O povo não quer mais ouvir falar em ações de companhias de petróleo. Ninguém mais pensou em organizar uma só companhia nova – uma só que fosse! E a coisa se perpetuará assim, se o presidente da República não *inverter* a situação e convencer o povo de que o oficialismo não está vendido ao Polvo.

Que fazer praticamente?

1) Uma lei como a da Alemanha, subvencionando as companhias particulares por metro de poço perfurado. Imediatamente o público deduziria que o governo não é contrário ao petróleo e voltaria a ajudar as empresas existentes e as novas que surgissem.

2) Uma lei sobre estudos geofísicos. O governo contrataria turmas de geofísicos para fazer estudos nos terrenos das empresas particulares, só mantendo a subvenção por metro para as

que perfurassem nos pontos aconselhados pela geofísica. Procedendo assim, articularia, da maneira mais prática e eficiente, a ação pública, previsora, com a privada, realizadora...

Bastava isso. O efeito desses dois passos seria fulminante. Restaurar-se-ia o movimento petrolífero que o Conselho matou. O Nordeste seria todo ele investigado, perfurado e teríamos poços produtores desde o Maranhão até Campos, no estado do Rio, pois toda essa faixa é potencialmente petrolífera. E teríamos poços no Rio Grande do Sul, Santa Catarina, no Paraná, em São Paulo, em Mato Grosso e em Goiás. E o Brasil daria um imenso pulo à frente, com probabilidades de tornar-se, dada a extensão do seu território, o Quarto Poder do Petróleo. Como o doutor Getúlio sabe, há três Poderes dessa categoria. Primeiro, o Poder Mundial do Petróleo Americano. Segundo, o Poder Mundial do Petróleo Inglês. Terceiro, o Poder Mundial do Petróleo Russo. Seríamos o Quarto. Que maravilha!

Ouro líquido a brotar do seio da terra por mil bocas – por milhares de poços, como nos Estados Unidos. Todas as necessidades internas de combustível atendidas. Frotas de navios-tanques levando o petróleo do Nordeste para todas as partes do mundo. Nossa moeda revalorizada. O Exército forte, afinal. O doutor Getúlio sabe que um Exército só o é quando intensamente motorizado, e que não há motorização sem petróleo. Daí a tremenda luta dos atuais povos beligerantes para se abastecerem de petróleo. Na última guerra a vitória dos aliados veio sobre a onda de óleo que Rockefeller encaminhou para a França.

Com abundância de petróleo resolveríamos imediatamente o problema siderúrgico, e com ferro e petróleo seríamos *gente* e não a triste sombra de gente que somos. Se entrássemos agora numa guerra, só teríamos munição para um dia, foi a conclusão do general Marshall na visita que nos fez.

Qual o segredo dos Estados Unidos? Ferro e petróleo na maior abundância. Tirem-se de lá esses dois elementos, e o Exército e a Marinha daquele país serão coisas de mera aparência.

Suponha-se que quando jorrou o petróleo em Titusville, em 1859, surgisse lá o nosso Conselho com a mesma política que desenvolve entre nós. Que sucederia? *Exatamente o que está sucedendo aqui.* Nenhuma empresa nova. As existentes,

destruídas como o Conselho destrói as nossas. E adeus, riqueza!, adeus, expansão econômica!, adeus, Exército poderoso!,
adeus, Marinha de verdade! E adeus, Estados Unidos!

Que diabo, doutor Getúlio! Será que o nosso destino é o
que Hitler deixa entrever em seu livro? *"Não se pode admitir
que enquanto os países mais capazes do mundo sofrem de conges-
tão demográfica, enormes territórios permaneçam desertos e sem
desenvolvimento, ocupados por povos incapazes"*, disse ele. Também Reynaud, hoje *premier* da França, escreveu, quando ministro das Colônias, que não concebia a possibilidade de guerra de
expansão na Europa, enquanto houvesse países imensos, "como
o Brasil", que estavam à espera de conquista.

Quem sabe dos futuros resultados da guerra atual? Quem
sabe até quando os Estados Unidos manterão a doutrina de
Monroe – a única coisa que impede a nossa conquista? Basta
que nos falte o apoio dessa defesa, e estaremos empolgados pelo
Japão, pela Alemanha, pela Itália ou outro povo extravasante.
E poderemos acaso opor-lhes qualquer resistência? Poderemos
aguentar a guerra moderna, toda baseada em ferro e petróleo
por uma semana que seja?

E, no entanto, poderíamos enfrentar o futuro, se não houvesse desabado sobre nós a desgraça do CONSELHO NACIO-
NAL DO PETRÓLEO! Porque, sem ele, pululariam empresas
pesquisadoras – e teríamos a mesma progressão de abertura de
poços observada na América do Norte.

*O destino das nações depende muitas vezes da atuação dum
homem que enxerga mais longe que os outros.* Doutor Getúlio:
faça do caso do petróleo, como eu o exponho aqui, ponto do seu
programa, objetivo de sua vida – e desse modo trabalhará para
o Brasil dum modo infinitamente mais profícuo do que apenas
regulamentando o que existe. O que existe é tão pouco, que
não há regulamentação nenhuma que adiante. Sem riqueza
real um povo apodrece.

Temos, entretanto, ferro, temos gasolina para todos os
tanques do mundo, temos montanhas de ouro – tudo potencialmente, no subsolo. Leis que impedem a transformação da
potencialidade teórica em realidade, como a Lei de Minas e
a Lei do Petróleo, e instituições malévolas como o Conselho,

equivalem a batalhas perdidas – correspondem ao preparo do terreno para que um dia o inimigo nos entre em casa, dizendo:

– Abençoados cretinos dirigiram este país. Graças a eles, aqui viemos encontrar, intactas, estas imensas reservas minerais que vão fazer a *nossa* grandeza.

O TIRO DE MISERICÓRDIA

Mas nada do mal que já fez foi julgado suficiente pelo Conselho. Era preciso dar um tiro de misericórdia nos "infames traidores" que querem dar petróleo ao Brasil. Era preciso garantir a situação da Standard Oil como dona do nosso mercado consumidor de petróleo – e veio o Decreto-lei 2.179 de 8 de julho findo. Foi o Ponto Final. O Brasil leu-o e baixou a cabeça...

Esse decreto fixa os impostos sobre os derivados do petróleo que porventura venham a produzir-se no país. A ânsia de fazer o jogo da Standard Oil é tamanha, que o Conselho chega a inventar uma novidade: *fixar impostos sobre uma coisa que ainda vai existir – fato virgem nos anais da História Econômica do Mundo!...*

Esse imposto proíbe a criação da indústria refinadora de petróleo no Brasil por meio da imposição duma taxa igual à existente sobre o petróleo importado. A nossa política econômica sempre foi protecionista. Taxa o produto estrangeiro para que a indústria correspondente possa desenvolver-se aqui. Era regra que nunca sofreu exceção – mas a exceção acaba de vir: para o petróleo! Todas as indústrias nacionais serão protegidas pelas tarifas de alfândega, menos a futura indústria do petróleo! Só ela ficará sem proteção nenhuma, forçada a lutar em perfeito pé de igualdade com a indústria equivalente estrangeira. Por quê? *Porque isso é o meio de firmar aqui dentro, de maneira inexpugnável, o domínio da onipotente Standard Oil Company...*

Esse Polvo está com a indústria montada, paga e repaga; dispõe de recursos financeiros ilimitados, com os quais destrói todos os concorrentes possíveis quando os defronta em igualdade de condições. O medo de prejudicar o Polvo fez que o

Conselho injetasse cianureto de potássio no feto duma indústria nacional ainda por nascer: a do petróleo! Sejamos protecionistas da indústria nacional – menos no caso do petróleo, é como pensa o Conselho...

Talvez o doutor Getúlio tenha interesse em conhecer alguns detalhes do caso concreto.

Os lucros médios das refinarias nacionais que operam com óleo cru importado são de 150 réis por quilo de gasolina. O imposto estabelecido é de 430 réis, e há ainda um aumento proporcional para os outros derivados do petróleo. A gasolina e o querosene destilados aqui eram dados ao público por 100 réis menos que os similares estrangeiros. A nova lei, matando esse lucro, mata as refinarias – destrói todo o capital nelas empregado, *impede* que elas fiquem a postos para refinar o futuro óleo cru nacional; *e também impede que alguém cuide de produzir petróleo no Brasil.* Que fazer dele, se não pode ser refinado?

Aparentemente o decreto só atinge as refinarias nacionais de petróleo, condenando-as ao fechamento. Mas na realidade *também condena ao fechamento todas as companhias que se formam para pesquisar e produzir petróleo bruto.* Logo, que foi senão o tiro de misericórdia no petróleo brasileiro? *QUI PRO-DEST?*, pergunto eu. A quem aproveita esse golpe? Ao polvo Standard Oil Company, unicamente...

Quem mais pensará em petróleo neste país, se depois de tirá-lo não pode refiná-lo, isto é, não pode pô-lo em forma comerciável?

Sofisma

É certo que sempre haverá a possibilidade de criar uma destilaria oficial, nos moldes já pleiteados pelo Conselho. Mas isso seria um monopólio contrário aos dispositivos expressos da Constituição de 10 de novembro que estabelece *ser a iniciativa privada* a base da economia nacional. Também é inconstitucional o imposto porque atenta contra as refinarias nacionais, isto é, contra a iniciativa privada.

Não ignoro que o presidente da República tem se manifestado contra esse monopólio oficial, bem como o dos *trusts* internacionais. Não é segredo que em abril do ano passado o Conselho propôs o monopólio oficial, concentrando a pesquisa, a lavra e a industrialização do petróleo em suas próprias mãos. A ideia não foi aceita pelo governo. Também não é segredo que em fins do ano passado o Conselho entrou com um projeto de lei sobre a instalação duma destilaria oficial, impondo que as destilarias particulares revertessem ao Estado ao fim de dez anos, sem indenização nenhuma. Isto é, propôs o confisco decenal das empresas – o confisco da indústria particular —, a pena de morte para a iniciativa privada. Ainda desta vez o projeto não logrou a aprovação do governo e foi arquivado. Mas o Polvo não dorme e agora, sorrateiramente, sob a capa dum simples imposto de consumo, conseguiu o que queria. Em quatro linhas, e por tabela, condenou à morte a grande aspiração do petróleo brasileiro! O Polvo está radiante, porque embora ainda haja a possibilidade de instalação da refinaria oficial, isso o não incomoda. Sabe muito bem, com base na experiência do mundo inteiro, de como são precários os serviços industriais oficiais – as Centrais do Brasil, os Lloyds Brasileiros...

RESUMO

O decreto 2.179 *arruína* a indústria nacional das refinarias; *aniquila* no berço as companhias nacionais de pesquisa e produção de petróleo; *paralisa* todas as iniciativas privadas nesse setor; *impossibilita* a formação de empresas novas; e *PERPETUA* a nossa situação de colônia econômica dos *trusts* internacionais.

QUI PRODEST? A quem aproveita essa política? Ao Brasil? Não. Unicamente ao Grande Polvo Standard Oil Company... E será possível, doutor Getúlio, que o senhor permita que tal monstruosidade ocorra no seu governo?

Doutor Getúlio: o senhor tem uma responsabilidade tremenda nos destinos do Brasil, maior que a de qualquer outro presidente. Pode, com a sua ação pessoal, fazer uma coisa imensa: destruir a Força Secreta que não quer que tenhamos petróleo nosso. Pode dar o golpe no Polvo como o México o fez. Pode passar para a História como um Grande Criador de Riquezas – mas o caminho é um só: INVERTER A POLÍTICA DO CONSELHO NACIONAL DO PETRÓLEO. Inverter! Fazer exatamente o reverso do que está sendo feito.

E se não agir depressa, se não pensar com sua própria cabeça, pondo de lado as insinuações dos promotores da atual política do petróleo, arrepender-se-á horrivelmente um dia – no dia em que deixar o governo e verificar que foi iludido pelos lobos que se disfarçam sob a pele do carneiro "patriótico". A nota do "patriotismo" vibra em todas as resoluções do Conselho – mas ninguém se ilude com ela. O povo sorri e pergunta *QUI PRODEST?* E como tal patriotismo só aproveita aos *trusts* internacionais, lamenta que o homem que pode libertá-lo, que *tem* nas mãos as armas para conferir-nos o 13 de Maio econômico, deixe de o fazer – *iludido* pela voz de sereia dos interesses encapotados e surdo à voz do Brasil – o qual só se manifesta por meio de criaturas sem forças e sem manhas, como, por exemplo, este triste e desapontadíssimo

(A) Monteiro Lobato.

Dois dias antes havia eu dado igual denúncia ao general Góes Monteiro, chefe do Estado Maior do Exército, numa carta quase nos mesmos termos, em que havia o seguinte *post--scriptum:*

P. S. Depois de escrita esta carta chegou-me ao conhecimento o golpe final, o tiro de misericórdia que o Conselho desferiu na indústria do petróleo no Brasil. Um decreto-lei de 8 do corrente instituiu impostos sobre a futura gasolina e os futuros derivados do futuro petróleo nacional. *Pagarão eles as mesmas taxas que pagam os similares importados* – e assim a Standard Oil fica perfeitamente a seguro em suas posições aqui dentro. Colocando em absoluto pé de igualdade a poderosíssima Standard Oil e as incipientes empresas nacionais, claro que estas não poderão resistir à concorrência e abandonarão o campo.

Curioso! O governo sempre manteve política protecionista em matéria industrial. Sempre beneficiou todas as indústrias nacionais com tarifas de alfândega sobre os produtos similares estrangeiros, e assim permitiu a formação do nosso parque industrial. *Mas dessa política foi excluído o petróleo!* Todas as indústrias continuarão protegidas, menos a do petróleo! Só a indústria do petróleo nacional terá de manter-se em perfeito pé de igualdade com a estrangeira...

Curioso também que, pela primeira vez no mundo, se estabeleçam taxas sobre produtos *ainda não existentes*. A fúria do Conselho em bem servir à Standard Oil inventou uma coisa inédita: a taxação de fetos, a taxação de produtos ainda por existir!...

A indústria da refinaria do óleo cru já estava se estabelecendo entre nós. Entre grandes e pequenas, já tínhamos umas quarenta refinarias do óleo cru importado, e era nessas refinarias que iríamos refinar os primeiros óleos crus extraídos aqui. A margem de lucro dessas refinarias era de uns 100 réis por litro de gasolina. Mas sendo a taxa que o Conselho lançou de 430 réis por litro, o lucro de 100 réis desaparece, substituído por um déficit de 300 e tantos réis. Consequência: *todas terão de fechar as portas e desaparecer...*

Ora, se o Conselho matou com esse decreto as refinarias já existentes, matou, *ipso fato*, a possibilidade da montagem de novas; e matando a possibilidade do refino do petróleo entre nós também mata a possibilidade da produção do óleo bruto. Pois qual é o louco que irá tirar petróleo, sabendo que não poderá refiná-lo, isto é, pô-lo na forma em que o petróleo é apresentado ao consumidor?

Essa monstruosa taxação fetal foi o golpe de morte no petróleo brasileiro. A Standard Oil venceu em toda a linha. Pobre Brasil...

MONTEIRO LOBATO

A resposta

Não tardou a resposta do general Góes Monteiro, amável e inteligente. Resposta política. A resposta do presidente veio onze meses depois e sob forma para mim inesperada. Em abril de 1941, ao tomar o ônibus da tarde para casa, comprei uma *Folha da Noite*. Mal a abri, dou com o meu retrato na primeira página, ilustrando uma notícia de sensação, a avaliar pelos grandes títulos e subtítulos. Era um telegrama da sucursal do Rio, dizendo o seguinte:

O procurador do Tribunal de Segurança, senhor Gilberto Goulart de Andrade, apresentou a seguinte denúncia contra o escritor Monteiro Lobato, processado pelo mesmo Tribunal, por crime de injúria à pessoa do presidente da República, ao Conselho Nacional do Petróleo e ao Departamento Nacional de Produção Mineral:

"O senhor general Julio Horta Barbosa, presidente do Conselho Nacional do Petróleo, remeteu a este egrégio Tribunal, devidamente autorizado pelo excelentíssimo senhor presidente da República, o original de uma carta endereçada ao chefe da Nação pelo escritor Monteiro Lobato. Existindo nesse documento conceitos injuriosos ao exmo. sr. presidente da República, ao Conselho Nacional do Petróleo e ao Departamento Nacional de Produção Mineral, pela orientação dada à política do petróleo em nosso país, foi instaurado o presente inquérito na polícia do Estado de São Paulo.

A simples leitura da missiva da autoria de Monteiro Lobato (folhas 15 a 29) já revela desrespeito pelos termos em que é vazada, evidenciando audaciosa e injustificável irreverência. Confrontando-se, porém, os conceitos e as afirmativas dessa carta e os documentos oferecidos pelo Conselho Nacional do Petróleo, quer na exposição de folhas 5 a 14, quer nas cópias autênticas e certidões de folhas 49 a 117, verifica-se que o acusado faz afirmações destituídas de verdade, inteiramente falsas, com o objetivo evidente de injuriar os poderes públicos.

O Conselho Nacional do Petróleo demonstrou *"ex-abundantia"*, nos documentos oferecidos ao exame deste egrégio Tribunal e constante dos autos (folhas 5 a 14 e 49 a 117), que nenhuma das acusações levantadas contra a orientação que o governo vem imprimindo à exploração petrolífera no país repousa em qualquer fundamento verídico. Ao contrário do que afirma o acusado, muitíssimo ao contrário, as restrições feitas a certas empresas de petróleo foram no sentido de obrigá-las a cumprir as leis de nacionalização, amparando, assim, o governo essa indústria básica da defesa nacional, da intromissão ou influência de elementos estrangeiros. Isto está exuberantemente provado nos autos.

Agora, o que é sobremodo estranhável – e ainda melhor exprime a insinceridade dos conceitos emitidos na carta de folhas 15 a 29 – é o fato de *oferecer o inquérito provas evidentes de ligações comerciais do acusado, justamente com elementos estrangeiros*, ele que sempre apareceu em público como defensor da nacionalização da indústria do petróleo. Tais provas foram colhidas nas buscas procedidas pela polícia de São Paulo nos escritórios do acusado. São documentos que dormiam nos arquivos; estão relacionados no auto de folhas 121 *e podem ser examinadas dentre os numerosos exemplares de folhas 123 a 306.*

A análise da correspondência apreendida revela, ainda, indícios de irregularidades, em torno da organização da "Companhia Mato-Grossense de Petróleo", da qual é o acusado um dos principais dirigentes, irregularidades que, devidamente apuradas e investigadas, podem conduzir, talvez, à descoberta de crime contra a economia popular. Daí resulta, pois, a necessidade de instaurar-se o inquérito policial que requeiro.

O relatório de folhas 329 destaca os termos mais injuriosos da missiva que motivou o inquérito.

Ouvido a folhas 209, o acusado reconheceu a autoria da carta e confirmou os seus termos.

A folhas 325, *usque* 327, constam os depoimentos de quatro testemunhas.

À vista do exposto é de concluir-se que José Bento Monteiro Lobato, qualificado à folha 309, está incurso no artigo 3º inciso 25, do decreto-lei n. 431, de 18 de maio de 1938, sujeito à pena de seis meses a dois anos de prisão".

A desonestidade do Conselho Nacional do Petróleo revela-se nas menores coisas. Nesta denúncia do Tribunal de Segurança, baseada em informações dadas pelo Conselho, vemos, nos trechos por mim grifados, a sordidez da instituição. As tais "ligações comerciais com elementos estrangeiros" é dessas fantasias a que a má-fé recorre sempre que se dirige ao monstro de mil cabeças chamado público. Entre as cartas apreendidas em meu escritório havia duas de estrangeiros: uma dum engenheiro uruguaio meu amigo, que me felicitava pela publicação do *Poço do Visconde*, obra na qual um sabuguinho científico descobre petróleo no sítio de Dona Benta, e a outra... era um cartão de *Merry Christmas*, recebido de Nova York. O general evidentemente examinou o cartão e concluiu que o tal Merry Christmas estava me escrevendo em código e devia ser um perigosíssimo petroleiro internacional...

O mesmo direi das "irregularidades reveladas" na Cia. Mato-Grossense, descobertas em minha correspondência. Os caluniadores esqueciam um fato muito simples: fui um dos *incorporadores* dessa companhia de petróleo, mas nunca tomei a menor parte na sua direção, depois de constituída. Infâmia e calúnia puras.

Raciocínio sui generis

Por esse tempo andava eu com intenções de chegar à Argentina para fins editoriais. Vários livros meus iam sair lá e minha presença era reclamada para julgamento de traduções e mudanças adaptativas aconselháveis, em se tratando de literatura infantil. Encarreguei uma agência da rua dos Gusmões de me tirar o passaporte e deixei com ela o dinheiro. Faltavam os retratos. Fiquei de levá-los, mas como a denúncia sobreviesse logo depois, esqueci-me da agência e do passaporte. Pois apesar disso fui preso no mês seguinte e mantido em detenção preventiva enquanto o meu processo corria no Tribunal de Segurança.

Por que fora eu preso preventivamente? Logo vim a saber. Informado o Lei Viva de que na Polícia de São Paulo existia um meu pedido de passaporte para a Argentina, o general houve por bem assanhar-se, coçar-se, raciocinar, concluir e oficiar ao Tribunal de Segurança sobre *a necessidade da minha prisão preventiva, visto como eu estava querendo fugir para a Argentina.*

Francamente não sei com que órgão certas pessoas raciocinam. Neste caso, por exemplo. Como pode estar querendo fugir para a Argentina quem requer um passaporte para lá? Requerer passaporte à polícia é declarar à polícia que pretende transpor as fronteiras. É fazer justamente o contrário de quem pretende fugir. Quem pretende fugir, foge, não vai declarar solenemente à polícia, num requerimento de passaporte, que pretende transpor as fronteiras...

Em minha vida já longa esbarrei com muita imbecilidade humana. Vi-a de todos os naipes e graus. Mas a imbecilidade maior com que jamais me defrontei foi essa teoria de que *quem requer passaporte é porque quer fugir.* Até o dia dessa interpretação do fato de requerer passaporte, o corrente era o oposto: se F. requereu passaporte, então é que não pretende fugir, e sim transpor as fronteiras legalmente, autorizado pela polícia.

Pois apesar da imbecilidade da interpretação, o insigne Tribunal de Segurança aceitou-a e determinou a minha prisão preventiva...

Semanas depois de recolhido à Casa de Detenção de São Paulo, quando ainda me achava em lua de mel com aquele ambiente tão limpo, onde não havia a infeccioná-lo nenhum membro do Conselho Nacional do Petróleo, nenhum técnico do Departamento Mineral, nenhum general Lei Viva, e sim lealíssimos assassinos e ingênuos transgressores dos códigos humanos, chegou a notícia do meu julgamento. Cada caso entrava em dois julgamentos no Tribunal de Segurança: o primeiro, por um juiz singular; o segundo, pelo tribunal em conjunto, menos o juiz que já funcionara. Meu caso coube ao juiz Maynard Gomes e sua sentença foi esta:

Sentença
Processo 1.607 de São Paulo

Vistos etc... O General Julio Horta Barbosa, Presidente do Conselho Nacional do Petróleo, enviou ao Tribunal de Segurança Nacional, devidamente autorizado pelo senhor Presidente da República, o original de uma carta endereçada ao Chefe da Nação pelo escritor Monteiro Lobato.

Em virtude dos termos dessa missiva, entendeu o Ministério Público de seu dever denunciar o referido escritor como incurso na sanção penal do art. 3º inciso 25 do decreto-lei 431 de 18 de maio de 1938.

Tendo em vista a comunicação da Superintendência da Segurança Política e Social de São Paulo, decretou este juízo a prisão preventiva do acusado, a qual foi efetivada em 22 de fevereiro próximo passado, achando-se o mesmo recolhido à prisão especial da Casa de Detenção da Capital daquele Estado.

Isto posto:

Considerando que é direito que assiste a qualquer cidadão brasileiro o livre exercício de crítica aos atos do governo, justificada por esse motivo o instituto da censura;

Considerando que a crítica exercida por José Bento Monteiro Lobato à "política do petróleo", em epístola dirigida ao exmo. senhor Presidente da República, o foi em linguagem íntima, dadas as relações de amizade existentes entre o autor e o destinatário;

Considerando que, dado o caráter sigiloso do instrumento em apreço, e a nenhuma culpabilidade do autor em sua divulgação, não é possível concluir-se pela intenção de injuriar;

Considerando que, sendo impessoal o assunto criticado, o são igualmente os conceitos proferidos, como se verifica nas expressões *"monstruoso tanque chamado Conselho Nacional do Petróleo"*, *"polvo Standard"*, *"Royal Dutch"* etc.;

Considerando que, afastada a hipótese de injúria ao senhor Presidente da República, implicitamente o está aos órgãos do governo, não só pelas razões expostas, como por não se ter a eles dirigido o autor da carta em questão;

Considerando que, na ausência dos elementos material e moral, característicos do crime de injúria, não é lícito concluir-se pela sua existência;

Considerando o mais que dos autos consta:

Absolvo o acusado José Bento Monteiro Lobato da acusação que lhe é feita e recorro desta decisão para o Tribunal Pleno, na forma da lei.[18]

[18] *NOTA – Ao ter a notícia da absolvição pelo juiz Maynard, enderecei ao general Horta a seguinte carta:*

S. Paulo, Detenção, 9 de abril de 1941
General Horta Barbosa
D.D. Comandante do Conselho Nacional do Petróleo
Rio de Janeiro

Exmo. Senhor:

É profundamente reconhecido que venho agradecer a V. Excia. o grande presente que me fez, por intermédio do augusto Tribunal de Segurança, de uns

Distrito Federal, 8 de abril de 1941.

(A) AUGUSTO MAYNARD GOMES.
JUIZ DO TRIBUNAL DE SEGURANÇA NACIONAL.

Diante de uma sentença tão clara, julguei liquidada a minha questão. O Tribunal Pleno, em seu segundo julgamento, fatalmente encamparia as considerações do juiz Maynard – e absorvi-me nas notícias da guerra. Os alemães haviam realizado uma proeza incrível: explodir o *Hood*, o maior couraçado

tantos deliciosos e inesquecíveis dias passados na Casa de Detenção desta cidade. Sempre havia sonhado com uma reclusão desta ordem, durante a qual eu ficasse forçadamente a sós comigo mesmo e pudesse meditar sobre o livro de Walter Pitkin*. Lá fora, o tumulto humano e mil distrações sempre me iam protelando a realização desse sonho; e eu já não tinha esperança de nada, quando fui surpreendido pela denúncia do Conselho do Petróleo ao Tribunal de Segurança e logo em seguida preso preventivamente.

– Bendito seja esse benemérito general! murmurei comigo ao ter conhecimento de que fora por sugestão dele que o Tribunal me prendia, isto é, me proporcionava a realização do velho sonho.

Como, porém, fui agora absolvido por sentença do juiz Maynard e tenho de interromper a leitura da obra de Pitkin, considero-me no dever de, antes de mais nada, remeter meus agradecimentos ao general Horta Barbosa, o promotor da realização do meu sonho.

Passei nesta prisão, general, dias inolvidáveis, dos quais sempre me lembrarei com a maior saudade. Tive ensejo de observar que a maioria dos detentos é gente de alma muito mais limpa e nobre do que muita gente de alto bordo que anda solta. E também tive ocasião de receber inúmeras provas de amizade e solidariedade de excelentes amigos que nunca imaginei tivessem por mim tal estima. Fui leal. A todos fiz ver que a realização do meu velho sonho eu a devia a uma pessoa apenas, o general Horta Barbosa, comandante superior do benemérito Conselho Nacional do Petróleo.

Pesarosamente tenho talvez de deixar hoje esta prisão, mas seria o maior dos ingratos se antes de despedir-me do "chiqueiro" chamado Sala Livre, não cumprisse o meu dever, batendo na máquina esta carta de agradecimento. Creia, general, que a minha gratidão vai ser eterna.

Cordialmente,

(a) MONTEIRO LOBATO

P. S. Tomo a liberdade de lhe enviar pelo correio uma caixinha de bombons, sobrados dos muitos com que os amigos me obsequiaram. Os sentimentos que me animam para com o meu generoso benfeitor agaloado são doces como esses bombons.
Nota da edição de 1946.

* *A short introduction to the history of human stupidity.*

inglês, com uma bomba arremessada pelo *Bismarck*. O golpe ferira fundo o velho orgulho inglês, e a perseguição do velocíssimo *Bismarck* pelos melhores vasos de guerra britânicos virou aquela cena da *Ilíada* em que Aquiles sai a vingar a morte de Pátroclo. O mundo ficou em suspenso, e nós ali na prisão ainda mais, como se aquele duelo fosse um caso pessoal nosso. Quando nos chegou a notícia do afundamento do *Bismarck*, a minha alegria foi tamanha que não dei tento de outra notícia chegada na mesma hora: a minha condenação a seis meses em virtude de sentença do Tribunal Pleno. Só no dia seguinte, arrefecido já o gozo d'alma causado pela destruição do *Bismarck*, é que pude atentar no meu caso.

Filosofei e absorvi-me na tradução do *Kim* do meu grande amigo Kipling, já iniciada na prisão e em andamento. Para refrigerar uma alma da desgraça de ser coeva de juízes de segurança, generais Lei Viva, Fleurys da Rocha e a mais inominável gente do Não Petróleo, nada melhor que a companhia do endiabrado Kim e daquela múmia semovente que era o Lama Vermelho do Tibete. O meu tempo de prisão foi um dos mais deliciosos tempos da minha vida. Cenário em que vivi: a Índia!... A Índia é um grande remédio, um tópico. Montanhas imensas, raças variadíssimas, todas as loucuras em matéria religiosa, bois sagrados pastando as couves dos verdureiros nas ruas – mas nem sombra de Conselho Nacional do Petróleo por lá. Feliz Índia...

Estava já eu no meu terceiro mês de prisão pelo crime de escrever uma carta sincera ao presidente, quando me chegou a notícia de haver sido indultado. Não pedi, nem por nada no mundo pediria, indulto – mas o indulto veio por artes de berliques e berloques. Não tive a curiosidade de saber como se processou.

Ao presidente Vargas, em dia de seus anos, 19 de abril, tive ensejo de mandar lá da Cadeia a seguinte carta, que aqui transcrevo com desrespeito do sigilo, já que ele não respeitou o sigilo da minha sobre o petróleo.

Doutor Getúlio:

Amanhã é dia de seus anos. Quero dar-lhe um presente. Esse presente é uma ideia. Essa ideia é a seguinte: Assim como o governo formou a Cia. Nacional Siderúrgica com 500 mil contos de capital, por que não funda também a Cia. Nacional do Petróleo, com outros 500 mil contos de capital? Era o meio de ao mesmo tempo solver os problemas do ferro e o do petróleo, de igual importância.

A solução que proponho apresenta muitas vantagens: acaba com a já muito longa luta de morte entre as nossas companhias e o Conselho Nacional do Petróleo; permite o aproveitamento de todo o material das várias companhias e do pessoal técnico das mesmas; defende os milhares de contos da economia popular empregados em ações de empresas petrolíferas.

Se o senhor Presidente examinar esta minha proposta, verá que é perfeita e atende maravilhosamente aos altos interesses da nação brasileira. Permite até o aproveitamento do Conselho Nacional do Petróleo. O general-comandante desse Conselho e os mais membros que o compõem, caso empregados como combustível nas fornalhas das sondas, darão para mover as máquinas por uns dois ou três dias – vantagem que positivamente não é de desprezar.

Esperando que o senhor Presidente tome na devida consideração a minha proposta – e a aceite como o meu presente de anos, subscrevo-me respeitosamente

MONTEIRO LOBATO

A confissão dos interesses ocultos

Entre a remessa de minha carta ao presidente Vargas e a sentença do Tribunal de Segurança ocorreu um fato esclarecedor de tudo e que veio dar razão integral ao que afirmei no *Escândalo do petróleo* e nas cartas que me levaram à prisão. Esse fato foi o seguinte.

Havia em São Paulo uma revista denominada *Petróleo*, que mantinha o fogo sagrado entre os inúmeros acionistas das companhias de petróleo existentes. Certa vez o seu diretor, um rapaz ativo e de ideias, desconsolado com o desânimo reinante nos arraiais do petróleo, concebeu o plano de ir ao Rio entrevistar os diretores de empresas petrolíferas lá residentes.

Foi. Uma semana depois regressava – e antes de ir à sala da revista *Petróleo* apareceu em meu gabinete que era no mesmo prédio. Entrou, largou o chapéu sobre a mesinha de centro e disse o seguinte:

– Já arranjei uma colocação no Rio. Vim apenas para liquidar a revista, entregar a sala e dispor dos móveis – e não quero nunca mais em minha vida perder tempo em pronunciar a palavra petróleo...

Estranhei o tom terminante daquele exórdio.

– Que houve de tão grave, homem?

O rapaz falou até o fim, sem que eu o interrompesse:

– Houve o seguinte. Fui, como disse, fazer uma reportagem com os diretores das empresas de petróleo residentes no Rio. Passei a semana a falar com um e com outro. Encontrei o mesmo desânimo daqui. Todos sentem que a derrota é inevitável, que não podem lutar contra um governo armado de todos os poderes da violência. Propus um movimento conjunto, um protesto coletivo de todas as companhias. Riram-se de mim, melancolicamente. Protestar perante quem? O governo? Mas se é o governo que nos persegue... Vi que nada havia a fazer naquele setor e fui visitar o chefe do Conselho do Petróleo. Ah, antes não fosse. O general recebeu-me com quatro pedras na mão – e nem sei como não me mandou fuzilar. As palavras "petróleo brasileiro" deixam aquele homem fora de si. E eu já estava me aprontando para vir embora, quando dei com o endereço de mais uma companhia de petróleo, que me era desconhecida. Vim a saber que era uma companhia distribuidora de gasolina que a Standard Oil mantém no Rio, organizada segundo as leis brasileiras.

Recebeu-me o diretor, um sujeito assim-assim, e quando eu disse ao que vinha ele riu-se e pôs-me à vontade.

– "Sente-se, moço. Vamos conversar. Ando há muito tempo com vontade de encontrar um elemento das companhias nacionais de petróleo, para dizer certas coisas que vocês não conhecem e é bom que saibam."

Sentei-me. Ele fez o mesmo; lançou os pés sobre a mesa e começou:

– "Olhe: vocês são uns sandeus e aquele Monteiro Lobato é o rei dos cretinos. Vocês partem dum ponto de vista inteiramente falso. Vocês partem do ponto de vista de que o petróleo é um negócio nacional, isto é, de cada país. Não é. O petróleo é um negócio internacional, da Standard. Ela criou esse negócio no mundo e o mantém contra tudo e contra todos. O petróleo do mundo é da Standard, onde quer que se encontre. E contra a vontade da Standard país nenhum tira o petróleo que haja em suas terras. O único país que até hoje conseguiu libertar-se da Standard foi a Rússia, por causa da Revolução; mesmo assim a Standard não deixa que o petróleo russo transponha as fronteiras e seja vendido em outros países.[19] A Argentina desco-

---

[19] *Está aqui a decifração da atitude do nosso governo no caso de troca do petróleo russo pelo nosso café, contado neste livro sob o título de OS GRANDES CRIMES COMETIDOS CONTRA OS POVOS. Nota da edição de 1946.*

briu petróleo por mero acaso – mas depois de muita luta teve de dividir o campo com a Standard. Em todos os outros países o negócio do petróleo é conduzido de acordo com a Standard. Contra a sua vontade, em nenhum. Como então vocês, deste pobre país falido, sem forças, sem estadistas, sem governo decente, têm a pretensão de ter petróleo próprio, contra a vontade da Standard?

Saiba que os melhores campos petrolíferos do Brasil já se acham perfeitamente estudados e demarcados – mas os elementos colhidos não estão aqui com vocês, e sim nos arquivos da Standard. A Standard já gastou centenas de milhares de dólares em estudos geológicos e geofísicos em território brasileiro – mas para o seu uso pessoal, não de vocês. E saiba mais, que todos os embaraços que vocês, das companhias de petróleo nacional, têm encontrado, partem de uma fonte única: a Standard. Ela é que sabota as companhias nacionais por intermédio dos órgãos do governo. E para maior eficiência dessa sabotagem *nós* sugerimos a criação do Conselho Nacional do Petróleo, que é positivamente um órgão nosso, para só fazer o que convém aos interesses da Standard e reduzir essas companhias do Lobato, do Edson e outros bobinhos a zero. E agora as companhias nacionais estão irremediavelmente perdidas porque o último decreto – redigido aqui nesta mesinha (e bateu com o calcanhar na mesinha onde apoiava os pés) é desses a que ninguém escapa.

– Que decreto? – perguntei.

– O que impõe sobre a futura gasolina nacional um imposto de 430 réis por litro – respondeu ele. – Essa taxa corresponde ao imposto de entrada que paga na alfândega a nossa gasolina distribuída no Brasil. A gasolina de vocês nem com a cabeça de fora está ainda – e nós já estamos cá com a marreta dos 430 réis para dar cabo dela..."

O rapaz contava aquilo atabalhoadamente, ansioso por sair dali e ir cuidar da vida nova em que nunca mais pronunciasse a palavra "petróleo". Mas eu insistia. Passou-me pela cabeça "A história mais bela do mundo", de Kipling, em que o contador está displicente e cada vez menos interessado, e quem a ouve vai redobrando de tensão.

– E que mais disse o homem? – insisti. – Não tenha tanta pressa...

– Em certo momento ele me disse: – "Vocês falam da Standard como se soubessem o sentido dessa palavra, mas não sabem – e abrindo uma gaveta tirou um rolo de papel. Desdobrou-o aos meus olhos. – "Veja. Aqui está a lista das grandes empresas, das grandes companhias, dos grandes bancos e das grandes instituições financeiras direta ou indiretamente ligadas à Standard Oil. Temos aqui setecentas e tantas companhias, somando um capital de muitos bilhões de dólares. Sabe o verdadeiro nome da Standard, bobinho? Capitalismo internacional..." – Bom. Chega. Não quero perder mais um minuto com isto. Como me dói o tempo que perdi! Adeus, doutor Lobato. Volto ao Rio depois de amanhã. Quero tomar posse do meu emprego novo...

O rapaz saiu e fiquei longo tempo a pensar naquilo. Tudo exatinho como eu previra e vivia proclamando – mas apesar disso a crueza daquela exposição me abalou. "Vou fazer uma coisa apenas", pensei comigo, "e por simples desencargo de consciência. Vindo a falhar, retiro-me também, para sempre, do maldito petróleo. Nove anos de luta e derrotas. É demais..."

E naquele mesmo dia escrevi àquele homem da Standard. Narrei o que ouvi ao rapaz da revista que o entrevistara. Admiti a minha ingenuidade. Mas ainda tinha uma sugestão a fazer. "Sim, sei que a Standard é a dona do petróleo do mundo onde quer que esteja, salvo na Rússia. Sei que tirar petróleo contra a vontade da Standard é loucura, ou coisa só possível num país que tenha um governo honesto – e já não sonho com esse milagre em minha terra. Mas por que não entrarmos em acordo? As companhias nacionais de petróleo abaixam-se diante da Standard, reconhecem-lhe o poderio incontrastável, submetem-se a todas as imposições que ela haja por bem fazer – mas, pelo amor de Deus, Standard, deixe que o Brasil tire petróleo para minorar a situação de horrível miséria da sua população pobre. Tudo aqui é transporte, e é impossível transporte sem petróleo. Tome a parte que quiser, Standard, mas deixe que um bocadinho do petróleo acamado no subsolo do Brasil caiba ao Brasil, tão necessitado dele anda esse coitado eternamente traído pelas camorras oficiais..." etc.

Essa carta, meu último passo no petróleo, não teve resposta.

166   MONTEIRO LOBATO

Histórico do petróleo do Lobato

Resumo das informações que em longo relatório Oscar Cordeiro forneceu a Monteiro Lobato

Os indícios do petróleo do Lobato, localidade a quatro quilômetros da cidade do Salvador e fronteira à península de Itapagipe, chamaram-me a atenção em 1931; fiz pesquisas na zona e em 1933 convidei o eminente geólogo doutor Teodoro Sampaio para verificar minha descoberta. Tudo visitou ele demoradamente, e a respeito me mandou a seguinte nota: AO VOLTARMOS DA VISITA AO POÇO DO LOBATO PROMETI AO AMIGO DIZER ALGO SOBRE O QUE VI E OBSERVEI NO LUGAR ONDE OCORRE O ÓLEO MINERAL ESPESSO E DE COR NEGRA ALI COLHIDO EM PROFUNDIDADES DE 3,4 METROS E EM NÍVEL QUE ME PARECEU INFERIOR AO DO MAR ALI TÃO PRÓXIMO. ESSE ÓLEO MINERAL, DE CHEIRO INEQUÍVOCO, TIRADO DO FUNDO DOS POÇOS ONDE SOBRENADA EM QUANTIDADE MUITO APRECIÁVEL, SENDO LANÇADO SOBRE PALHAS OU ALGODÃO, QUEIMA FACILMENTE COM UMA LUZ VERMELHA FUMARENTA, E QUEIMA DEMORADAMENTE POR PEQUENA QUE SEJA A QUANTIDADE LEVADA À PROVA. TRATA-SE EVIDENTEMENTE DE PETRÓLEO

IMPURO, MISTO DE SUBSTÂNCIAS OUTRAS QUE DE ORDINÁRIO COM ELE SE ASSOCIAM. SE COM AS AMOSTRAS COLHIDAS NO POÇO DO LOBATO NÃO PODEMOS DIZER QUE ESTAMOS NA IMINÊNCIA DE ALCANÇAR UM LENÇOL PETROLÍFERO PROMETE-DOR, ESTAMOS TODAVIA NA POSSE DE INDÍCIOS TÃO VEEMENTES COMO NENHUNS OUTROS AINDA SE DEPARARAM NO PAÍS NAS MESMAS CONDIÇÕES.

Nesse mesmo ano convidei o engenheiro Manoel Inácio Bastos a trabalhar comigo nos trabalhos de exploração das minas do Lobato, depois de as ter registrado no Cartório de Registros da Capital e comunicado a descoberta ao presidente Vargas, ao ministro Juarez e ao interventor Juracy. Em abril de 1933 enviei ao presidente Vargas um caixão de garrafas de petróleo das nossas minas do Lobato; ele mandou-o examinar e obteve a classificação de "petróleo de base parafínica". E como eu lhe havia apresentado um relatório completo sobre as minas, no qual solicitava a cooperação do Estado, começaram assim os meus contatos com o governo.

Em setembro de 1933 pedi ao Ministério da Agricultura um técnico para acompanhar os trabalhos do Lobato; a resposta foi que "NÃO PODIAM ATENDER AO MEU PEDIDO PORQUE FALTAVAM TÉCNICOS E VERBAS NA DIRE-TORIA DE MINAS". A má vontade começava a trair-se. Em vez de todos se precipitarem para a abertura do primeiro poço de petróleo do Brasil, no ponto em que o sangue negro da terra se revelava tão insistentemente, um frio telegrama burocrático, indiferente...

Resolvi arrumar-me como pudesse, sem técnico oficial, e solicitei do Ministério da Agricultura uma sonda para a abertura do poço, das muitas que o Ministério possuía e andavam a furar inutilmente em pontos onde não havia petróleo. A resposta foi negativa: "SOBRE AS SONDAGENS DO LOBATO OPORTUNAMENTE SERÃO TOMADAS PROVIDÊN-CIAS, VISTO QUE AS POUCAS SONDAS DISPONÍVEIS SÃO PRECISAS AOS SERVIÇOS EM ANDAMENTO DA DIRETORIA MINERAL" – isto é, as sondas disponíveis tinham de ficar furando onde não havia petróleo...

Diante da recusa da sonda pedida, adquiri uma pequena perfuradora e todo o material anexo necessário – e requeri autorização para perfurar, comunicando que já estava com a situação das minas perfeitamente legalizada segundo as leis vigentes. Esse meu requerimento deu entrada em novembro; em fevereiro do ano seguinte o Departamento Mineral me comunicava que "SOBRE O SUPOSTO PETRÓLEO DO LOBATO AS AMOSTRAS ANALISADAS NO DEPARTAMENTO HAVIAM SIDO ENVIADAS SOB A EXCLUSIVA RESPONSABILIDADE DO INTERESSADO; PELOS ESTUDOS REALIZADOS PELOS TÉCNICOS DO DEPARTAMENTO MINERAL NÃO É POSSIVEL HAVER PETRÓLEO COMERCIAL NOS TERRENOS DO LOBATO, POIS AS ROCHAS ALI EXISTENTES SÃO GNEISS". Com base nessa informação o ministro da Agricultura indeferiu o meu pedido. Quero citar aqui o nome do técnico que lavrou a informação: Luciano Jaques de Morais.

Não me conformando com os pareceres, voltei à carga e tive a surpresa de receber esta monstruosidade: "QUE O GEÓLOGO VICTOR OPPENHEIM, ESPECIALISTA EM PETRÓLEO, QUE TRABALHOU EM VÁRIAS JAZIDAS PETROLÍFERAS E NOS ÚLTIMOS ANOS NOS YACIMIENTOS FISCALES DA ARGENTINA, HAVIA CERTIFICADO QUE O PETRÓLEO DO LOBATO ERA ESTRANHO AO LOCAL E QUE OSCAR CORDEIRO BOTAVA PETRÓLEO BRUTO DENTRO DOS POÇOS".

Indignado com tamanha infâmia, protestei e solicitei do ministro Juarez explicações sobre aquela monstruosidade assacada contra mim. Em carta de 14/5/1934 o ministro declarou-me que A OPINIÃO DO GEÓLOGO OPPENHEIM ERA A OPINIÃO DOS TÉCNICOS DO DEPARTAMENTO MINERAL E PODIA SER RESUMIDA COMO ESTAVA NOS OFÍCIOS A MIM DIRIGIDOS, E QUE OUTRA OPINIÃO NÃO TERIA AQUELE MINISTÉRIO A NÃO SER A DE SEUS TÉCNICOS QUE ESTUDARAM O ASSUNTO QUE ME INTERESSAVA...

Tudo inútil! A guerra que me moviam e a hostilidade ao petróleo do Lobato vinha de ser um petróleo que estava minando – e que existia de fato; e, como disse Monteiro Lobato, o programa do Ministério sempre fora NÃO TIRAR PETRÓLEO NEM DEIXAR QUE OUTREM TIRE. E no "Boletim" do Ministério da Agricultura de abril e junho de 1934 veio a monstruosa negação, que é o maior atestado de incapacidade, má-fé e inépcia do Ministério da Agricultura. Exatamente sobre o ponto do território brasileiro em que ia jorrar o nosso primeiro poço de petróleo, exatamente naquele distrito do Lobato onde eu trabalhava, caiu a mais absoluta e peremptória das condenações: "ESTA LOCALIDADE (LOBATO) É POSITIVAMENTE DESFAVORÁVEL À PRESENÇA DE HIDROCARBONETOS e lá diz ele por quê. O CONJUNTO GEOTECTÔNICO DO LOCAL É ABSOLUTAMENTE NEGATIVO – e lá diz ele por quê. OS ELEMENTOS TÉCNICOS ATESTAM DE MODO FORMAL A NÃO EXISTÊNCIA DE JAZIDAS PETROLÍFERAS NO LOBATO – e atestavam mesmo. ESTÁ PROVADO À SACIEDADE A INEXISTÊNCIA DE DEPÓSITOS PETROLÍFEROS NO LUGAR DENOMINADO LOBATO NA BAHIA...

Hoje, ali naquele lugar, existe um monumento com inscrições – mas esqueceram de gravar esta tremenda negação do Ministério...

Cansado de lutar com aquela miséria burocrática dos sabotadores oficiais, prossegui na perfuração com os meus recursos próprios – e por esse tempo desabou sobre o país mais um golpe tendente a matar qualquer iniciativa em matéria de petróleo: o novo Código de Minas, a monstruosa lei que veio travar e trancar o subsolo brasileiro. Estava eu a ler e a procurar entender aquele cipoal de embaraços à exploração das nossas riquezas minerais, quando aparece lá pelo Lobato outra peste, um integralista, Othon Leonardos, técnico do Departamento Mineral. Depois de duas horas de mexe-mexe, sugeriu que eu abrisse galerias para ver de onde o petróleo vinha. (Que monstruosidade! O que ele queria era que eu me enterrasse num trabalho absurdo.) De volta ao Rio o charlatão abriu campanha contra mim e Monteiro Lobato pela *Ofensiva*, jornal integralista, e nos acusou de "mistificadores do petróleo". Desse Leonardos fica na história uma frase célebre: "O PETRÓLEO DO LOBATO

É UM CASO DE POLÍCIA". Em paga da sua ação sabotadora, foi elevado pelo governo a Conselheiro do Departamento de Minas e Metalurgia... Viva o Brasil...

Mas eu ia pondo de lado todas aquelas misérias da perseguição oficial e continuando nos trabalhos do poço, ao mesmo tempo que juntava toda a exaustiva documentação que as novas exigências da Lei de Minas nos impunham. Mandei para o Rio um carregamento de certidões, registros e manifestos das minas – e tudo foi aceito sem reclamações ou exigência de mais. Aquela aquiescência, porém, era ronha recolhida; anos depois recomeçaram a sofismar os meus documentos.

Em meados de 1935 apareceu no Lobato, vindo de Alagoas, o engenheiro Bourdot Dutra, que tudo examinou comigo e entusiasmou-se. Mais tarde veremos a sua ação. Devo dizer que desde 1933 eu me comunicava com o senhor Getúlio Vargas, seus ministros e outros elementos de projeção, não só pelo correio aéreo como pelo telégrafo; mais do que me comunicava, eu gritava, berrava, suplicava – mas tudo inutilmente, porque Getúlio também parecia identificado com o grupo do "Não há petróleo no Brasil".

Dois anos depois do meu manifesto e do registro das minas do Lobato recebi em 1935 um ofício do Departamento Mineral cheio de sofismas sobre os meus documentos e com a advertência de que EU DEVIA REQUERER ÀQUELE DEPARTAMENTO LICENÇA PARA PESQUISAR... Tudo estava legal, legalíssimo, mas eles não cessavam com a sua guerra de nervos, mesquinha, infernal. Resisti a mais esse golpe e fiz valer meus documentos.

Ainda em 1935, sabendo que o ministro da Viação Marques dos Reis havia fornecido mais de uma perfuradora para a turfa do Maraú, solicitei também uma para apressar a abertura do primeiro poço de petróleo do Brasil, justamente o que devia receber as maiores atenções de todos; e como os jornais publicassem a notícia de que o Departamento Mineral recebera verba para fazer sondagens de petróleo em Guajará-Mirim, lá no fim do mundo, fiz ver que aquele ministro da Viação, um baiano, devia bater-se pela perfuração no Lobato, não só por ser um ponto de petróleo evidente, como vantajosissimamente colocado junto a um porto de mar. A resposta foi: A VOSSA IMPERTINÊNCIA NÃO ALTERA A SERENIDADE DESTE MINISTÉRIO... Sim, o programa petrolífero de Monteiro Lobato, que eu estava a pique de solver ali na Bahia, era uma "impertinência" para aquele gordo advogado dos *trusts*...

Finalmente, em 1939, a campanha de Monteiro Lobato atinge o apogeu com a sua célebre carta aberta ao ministro da Agricultura – e o senhor Getúlio Vargas teve de mandar abrir o "Inquérito sobre o petróleo".

Contribuí para o inquérito com a remessa de um caixão de garrafas de petróleo e mais muita coisa. E, seja efeito disso ou não, o Ministério afinal deliberou ceder-me uma perfuradora de duzentos metros; descarreguei-a nas docas, mandei-a para o Lobato, montei-a, ajustei-a, coloquei-lhe peças novas – mas a geringonça não funcionava; tinha falhado na perfuração para água no Palácio Guanabara e por isso é que ma ofereceram tão solicitamente... Dias depois chegou do Rio uma sonda com capacidade para 1.500 metros. Fiquei radiante. Será que afinal haviam atendido aos meus brados de tanto tempo? Que ilusão! A sonda desembarcou em Salvador e foi levada para Camaçari. Protestei, e o ministro da Marinha me telegrafou que a sonda tinha vindo para o Lobato. Mostrei o telegrama ao grupo do Departamento Mineral, e um dos técnicos, Waldemar Veiga, respondeu: "O MINISTÉRIO DA MARINHA NÃO TEM ATRIBUIÇÕES PARA DAR ORDENS AO MINISTÉRIO DA AGRICULTURA". Os telegramas que enviei ao senhor Getúlio e ao ministro da Agricultura não tiveram resposta; estavam muito ocupados com o golpe nazista em preparo.

Além daquele desvio da sonda, ainda me desviaram um hábil perfurador e me mandaram de Camaçari o pandorga José Miranda e um cretino de nome Silva. Vieram bem "trabalhados" sobre o que deviam fazer. Assim foi que quando a perfuração chegou a vinte e tantos metros e deu numa camada de "calcário talcoxistoso", os dois pandorgas paralisaram a perfuração e telegrafaram para o Rio dizendo que "HAVIAM ATINGIDO O CRISTALINO". O cristalino é a camada de rocha final, que uma vez atingida interrompe todas as pesquisas de petróleo.

Protestei, esperneei, retirei novos testemunhos que mandei analisar na Bahia e foram classificados como "calcário talcoxistoso"; a amostra que foi para o Departamento Mineral nunca tive notícia dela. Por mais que eu reclamasse a análise oficial, nunca a recebi. Concluída a sabotagem, os pandorgas voltaram para Camaçari e eu fiquei a lutar sozinho, a fazer tudo que havia de humanamente possível para que furassem naquele local em que havia petróleo, eles sempre tão prontos em perfurar onde não há sombra de petróleo...

Em 1938 passa novamente pela Bahia o engenheiro Bourdot; vai ao Lobato, entusiasma-se de novo e promete me arranjar uma sonda para quinhentos metros. Do Rio telegrafou-me estar tudo arranjado. Isso no começo do ano; em maio chega o seguinte telegrama: "PERFURADORA DESTINADA LOBATO FOI EMBARCADA ONTEM PARANAGUÁ. ROGO PROVIDENCIAR MADEIRA NECESSÁRIA MONTAGEM, A FIM SONDADOR ERNESTO POSSA PREPARAR EMBASAMENTO. SAUDAÇÕES, EUGÊNIO DUTRA".

Ora graças! Comuniquei ao governo o grande acontecimento, aos ministros e à imprensa, pois estava na certeza de que dessa vez eu acabava com a lenda do "Não há petróleo no Brasil". Montada a nova perfuradora fiz novas instalações, construí depósitos de material, escritório, cercados, pequena oficina e uma ponte para descarga de combustível de 135 metros. Concluída a montagem, comuniquei gloriosamente às autoridades o início da perfuração que iria dar petróleo comercial ao Brasil – mas em vez de congratulações recebi do gabinete do presidente da República uma carta que dizia: "O MINISTÉRIO DA AGRICULTURA INFORMA QUE SE TORNA NECESSÁRIO COMPLETEIS OS DOCUMENTOS PARA O REGISTRO DE VOSSAS JAZIDAS DE PETRÓLEO NOS TERMOS DO ART. 10 DO CÓDIGO DE MINAS. LUIZ VERGARA, SECRETÁRIO DA PRESIDÊNCIA". Encarreguei um procurador no Rio de satisfazer a todas as novas exigências da eterna ronha burocrática.

A perfuração ia se fazendo lentissimamente e com muita curteza de recursos. Eu tinha de estar ajudando e financiando. Eu mantinha o presidente a par de tudo, de modo que a perfuração lá se ia arrastando e eu sempre a esperar novas encrencas. E tive de engolir coisas, como a volta do pandorga Miranda, que depois do maior fracasso em Camaçari foi novamente posto na perfuração do Lobato.

Em dezembro os testemunhos já começavam a dar sinais de impregnação de petróleo, segundo as análises do doutor Fróis de Abreu, um homem de bem naquela imensa quadrilha. Aqueles sinais de petróleo próximo agitaram o Departamento. Mandaram para o Lobato o engenheiro Custódio Braga e logo depois um Moacyr da Rocha, parente do célebre Fleury. Desconfiei de alguma ursada – e foi o que não tardou. Certos lá no Departamento Mineral de que o petróleo do Lobato saía mesmo, o pirotécnico do Departamento, Luciano Jaques de Morais, oficiou ao Conselho Nacional do Petróleo sugerindo a conveniência da PARALISAÇÃO DA PERFURAÇÃO DO LOBATO. Povos do Brasil, guardai bem este nome: *Luciano Jaques de Morais!*

Gritei, berrei, esperneei e continuei nos trabalhos da perfuração, mas parece que vieram ordens para me afastarem do Lobato. Resisti a tudo e fiquei – e mais atento do que nunca.

No dia 20 de janeiro entramos numa camada de arenito bastante impregnada de petróleo. Custódio, Moacyr e Miranda costumavam ficar na cidade; quem dirigia o serviço era o perfurador Ernesto apenas.

Arquitetei um plano. Dei jeito dum velho operário amigo de Ernesto convidá-lo a passar o domingo fora. No dia 21, sábado, ele fechou o serviço ao meio-dia e foi para casa. Fiquei sozinho no campo, alegre, ansioso, satisfeito, torcendo lá por dentro para que não me aparecesse nenhum sabotador. O último testemunho retirado do poço mostrava-se impregnadíssimo, mas Ernesto, que nunca vira petróleo, não dera atenção.

No dia 22, domingo, fui cedíssimo para o Lobato e tive a mais formidável sensação de minha vida. O petróleo manava da boca do poço e corria pelo chão rumo ao leito da estrada de ferro!...

Voltei correndo para casa. Mandei telegramas para Getúlio, Horta, Fróis e outros – menos a Fernando Costa, que era ministro novo e cujas ideias sobre o petróleo eu desconhecia.

Comuniquei também ao interventor da Bahia, que estava em Santo Amaro.

Segunda-feira o interventor foi com uma comitiva visitar o Lobato. Fui com eles, e lá encontrei o Braga e seus companheiros desapontadíssimos com o desastre: um petróleo que eles tinham recebido ordens para sabotar e que saíra na ausência deles, de noite, e pela primeira vez fora visto por mim – o MISTIFICADOR!... Encontramos a boca do poço entupida e o petróleo que havia escorrido rumo ao leito da estrada fora ocultado por uma camada de areia. "Então, que há?", foi a pergunta de todos; e eles, com caras criminosas: "Não há nada".

Mas os presentes insistiram na retirada dos tampos que obstruíam o poço. Braga alegou que era trabalho demorado, de horas. O interventor disse que esperaria – o sabotador não teve mais remédio, foi obrigado a dar ordem aos operários. Removidos de pronto os embaraços, a sensação dos presentes foi prodigiosa, ao VEREM O PETRÓLEO DO BRASIL BORBOTAR DAQUELE POÇO!...

Estava acabada a lenda do não há petróleo no Brasil.

O prêmio que tive pela imensa trabalheira de anos de luta para a abertura do primeiro poço de petróleo do Brasil foi o decreto do senhor Getúlio Vargas nacionalizando as minhas minas do Lobato, sem a menor indenização, nem sequer das despesas que fiz durante tanto tempo para que o Brasil tivesse petróleo. E fui corrido do Lobato! Fui expulso do meu campo! E como não encontrassem fundamento para me submeter ao Tribunal de Segurança, o governo demitiu-me da presidência da Bolsa de Mercadorias, instituição por mim fundada e da qual fui o organizador e o presidente durante doze anos. E depois de arrancarem todas as placas que havia no escritório, nos depósitos e na sonda do meu campo do Lobato, ergueram ali um obelisco com os seguintes dizeres:

> O PRIMEIRO CAMPO ONDE JORROU
> PETRÓLEO NO BRASIL
> ORGANIZAÇÃO DO CONSELHO NACIONAL
> DO PETRÓLEO NO GOVERNO DO DOUTOR
> GETÚLIO VARGAS

E penduraram ali o célebre retrato que figura obrigatoriamente em todos os açougues, sapatarias e quitandas do Brasil...

* * *

Temos aqui um apanhado do longo relatório que Oscar Cordeiro me mandou sobre o caso do Lobato. Acentuo apenas três pontos:

1) A opinião oficial do Ministério da Agricultura e do Departamento Mineral sobre a existência de petróleo naquele sítio, constante do parecer Oppenheim, aparecido no Boletim do Ministério da Agricultura, número de abril-junho de 1934:

ESTA LOCALIDADE (LOBATO) DO PONTO DE VISTA DA GEOLOGIA DO PETRÓLEO É POSITIVAMENTE DESFAVORÁVEL À PRESENÇA DE HIDROCARBONETOS... O CONJUNTO GEOTECTÔNICO DESSE LOCAL É ABSOLUTAMENTE NEGATIVO... OS ELEMENTOS TÉCNICOS ATESTAM DE MODO FORMAL A NÃO EXISTÊNCIA DE JAZIDAS PETROLÍFERAS NO LOBATO... ESTÁ PROVADO À SACIEDADE A INEXISTÊNCIA DE DEPÓSITOS PETROLÍFEROS NO LUGAR DENOMINADO LOBATO NA BAHIA.

2) Oscar Cordeiro sustenta uma luta épica contra os maravilhosos técnicos do Ministério da Agricultura, encampadores dessa terminantíssima e infamíssima falsificação da ciência e VENCE – consegue ver o petróleo brotar e consegue impedir a sabotagem do poço. Oscar Cordeiro, pois, representa para o Brasil o que o coronel Drake, abridor do primeiro poço americano em Titusville, representa para os Estados Unidos.

3) Mas a diferença da sorte de ambos mostra que ainda não somos, moralmente, um país. Somos um ajuntamento de aventureiros e de dirigentes profundamente desonestos. A paga de Drake foi explorar o petróleo e enriquecer a si e ao seu país. A paga de Oscar Cordeiro foi o roubo da sua obra, da sua descoberta, do seu campo, do seu poço, do seu petróleo e da sua

glória. Roubaram-lhe o tempo – anos e anos – que ele gastou na luta para dar petróleo ao Brasil. Roubaram-lhe o muito dinheiro que gastou naquilo. E, não contentes, roubaram-lhe a presidência da Bolsa de Mercadorias, por ele criada e organizada. E em vez do retrato de Oscar Cordeiro figurar num selo ou numa moeda como um dos benfeitores máximos de sua terra, surgiu no Lobato aquele grotesco obelisco que cobrirá de vergonha os criminosos no dia em que forem chamados a contas por tantos e tantos crimes:

> O PRIMEIRO CAMPO ONDE O PETRÓLEO JORROU NO BRASIL – ORGANIZAÇÃO DO CONSELHO NACIONAL DO PETRÓLEO NO GOVERNO DO DOUTOR GETÚLIO VARGAS.

O mistério

Nos Estados Unidos, depois de aberto o poço do coronel Drake em 1859, no ano seguinte havia 174 poços novos – e o ímpeto da abertura de poços nunca mais parou, chegando a uma média de vinte mil por ano. Mas aqui entre nós? O primeiro petróleo revelou-se no dia 22 de janeiro de 1939. Essa é a data do descobrimento do petróleo no Brasil. Seis anos já se passaram... e... e que é do petróleo nacional? Veio a guerra, sofremos uma desastrosíssima limitação no recebimento da gasolina americana, tivemos toda a vida do país perturbada pela diminuição dos transportes... E de que nos valeu o petróleo do Lobato? Que nos adiantou a demonstração de que o Brasil tem petróleo? Nada, absolutamente. O Conselho Nacional do Petróleo pairou como um gavião sobre todas as companhias nacionais de petróleo, não permitindo em todos esses anos que a iniciativa particular abrisse um só poço no país... E como quem governava o petróleo do Lobato era o Conselho, ninguém sabe o que o Conselho fez lá, porque age sempre com mistério, e quando diz uma coisa pelos jornais ninguém acredita.

O fato é que a sabotagem do petróleo brasileiro continua, apesar do poço do Lobato haver em janeiro de 1939 demonstrado espetacularmente a existência de petróleo em nossa terra. Por quê? Qual o segredo de todo esse emperramento do Conselho?

Os tratados com a Bolívia

A Bolívia é uma espécie de estado de Minas da América do Sul: não tem comunicação com o mar. Quando a Standard Oil abriu lá os poços de petróleo de Santa Cruz de la Sierra, na direção de Corumbá de Mato Grosso, a desvantagem da situação interna da Bolívia tornou-se patente. Estava com petróleo, muito petróleo, mas não tinha porto por onde exportá-lo. Ocorreu então um fato que parece coisa de romance policial.

Os poços de petróleo da Standard trabalhavam sem cessar, mas o petróleo que passava pelas portas aduaneiras bolivianas e pagava a taxa estabelecida no contrato de concessão era pouco. O boliviano desconfiou. "Aqueles poços não cessam de jorrar e o petróleo que paga taxa é tão escasso... Neste pau tem mel."

E tinha. A espionagem boliviana acabou descobrindo o truque: havia um oleoduto secreto que subterraneamente passava por baixo das fronteiras e ia emergir na Argentina. A maior parte do petróleo boliviano escapava à taxação do governo e entrava livre no país vizinho. Um negócio maravilhoso.

Ao descobrir a marosca, a Bolívia fez um barulho infernal e cassou todas as concessões de petróleo dadas à Standard Oil. Vitórias momentâneas sobre a Standard quantas a história não registra! Vitórias momentâneas. Meses depois um coronel ou general encabeça um pronunciamento político, derruba o governo e toma o poder. O primeiro ato do novo governo está claro que foi restaurar as concessões da Standard Oil cassadas pelo governo caído...

Mas como resolver o problema da saída daquele petróleo fechado? De todas as soluções estudadas a melhor consistia no seguinte: forçar o Brasil por meio dum tratado a ser o comprador do petróleo boliviano; esse petróleo iria de Santa Cruz a Corumbá por uma estrada de ferro a construir-se e de Corumbá seguiria pela Estrada de Ferro Noroeste. Isto, provisoriamente. Mais tarde se construiria um oleoduto de La Sierra a Santos, Paranaguá ou outro porto brasileiro do Atlântico. Desse modo o petróleo boliviano abasteceria as necessidades do Brasil e também seria exportado por um porto do Brasil.

Ótima a combinação, mas para que não viesse a falhar era indispensável que o Brasil não tirasse petróleo. Eis o segredo de tudo. A hostilidade oficial contra o petróleo brasileiro vem de grande número de elementos oficiais fazerem parte do grande grupo americano, boliviano e brasileiro que propugna essa solução – maravilhosa para a Bolívia, desastrosíssima para nós.

Os tratados que sobre a matéria o Brasil assinou com a Bolívia não foram comentados pelos jornais do tempo; era assunto petróleo e a Censura não admitia nenhuma referência a petróleo nos jornais. Em 25 de janeiro de 1938 foi assinado o tratado entre o Brasil e a Bolívia no qual se estabelecia o orçamento para a realização de estudos e trabalhos de petróleo no total de 1 milhão e 500 mil dólares, dos quais o Brasil entrava com a metade, 750 mil dólares, hoje 15 milhões de cruzeiros. O Brasil entrava com esse dinheiro para estudos de petróleo na Bolívia, o mesmo Brasil oficial que levou sete anos para fornecer a Oscar Cordeiro uma sondinha de quinhentos metros...

Um mês depois, em 25 de fevereiro de 1938, novo tratado entre os dois países, com estipulações para a construção duma estrada de ferro Corumbá a Santa Cruz de la Sierra; a benefício dessas obras em território boliviano o Brasil entrava com 1 milhão de libras em ouro...

O representante do Brasil para a formulação e execução dos dois tratados tem sido o senhor Fleury da Rocha.

Chega. Não quero nunca mais tocar neste assunto do petróleo. Amargurou-me doze anos de vida, levou-me à cadeia – mas isso não foi o pior. O pior foi a incoercível sensação de repugnância que desde então passei a sentir sempre que leio ou ouço a expressão *Governo Brasileiro*...

Os grandes crimes contra os povos

A economia humana é em linhas gerais muito simples: uns produzem – outros transportam e lidam com os produtos – todos consomem. E o ideal é que todos possam consumir e a produção nunca seja maior nem menor que o consumo. Mas na Ordem Social vigente o jogo financeiro na passagem do produto das mãos do produtor para as do consumidor faz que apesar da superprodução milhões de criaturas humanas vivam no regime do subconsumo e até morram de fome. E de tal modo a pulsação econômica do mundo se foi perturbando com a hipertrofia do jogo financeiro, que chegamos ao absurdo impasse duma ordem social que só pode subsistir por meio da destruição cada vez maior de vidas em guerras mundiais periódicas e da destruição igualmente monstruosa de produtos de alimentação na paz. Do impasse veio o dilema: ou o mundo destrói essa forma cancerosa de capitalismo, como fez a Rússia, ou essa forma de capitalismo destrói a humanidade. Que capitalismo? O anônimo, internacional, controlador dos governos fracos e o verdadeiro promotor das guerras entre os governos fortes.

Um meu amigo teve a paciência de extrair de várias publicações de 1935 – *New York Post, Pan, Súmula, Inteligência, Estado de S. Paulo, Diário da Noite* – os seguintes dados estatísticos de numerosos países correspondentes às destruições de "comida" na plena paz do ano de 1934: trigo, 2 milhões de toneladas; açúcar, 258 mil toneladas; arroz, 25 mil toneladas; café, 7 milhões e 755 mil sacas; porcos, 5 milhões e 200 mil abatidos e incinerados; carneiros abatidos e largados para os urubus, 500 mil; leite lançado nos esgotos de Los Angeles e Hartford, 220 mil litros por mês; vacas de leite eliminadas, 600 mil; laranjas destruídas, milhões; pessegueiros arrancados, 80 mil. No estado de Oregon, metade da safra de peras foi deitada fora. Na baía de Karchetan, 40 mil salmões foram destruídos. Nas Índias Inglesas e Holandesas, 30 milhões de quilos de chá foram lançados ao mar.

Superprodução? Como, se nesse mesmo ano de 1934 as estatísticas do mundo assinalaram 2 milhões e 400 mil mortes por inanição e 1 milhão e 200 mil suicídios por extrema miséria, isto é, medo da morte a fome? O que na realidade há é uma tremenda jogatina financeira na distribuição dos produtos do trabalho humano – e ou a Ordem Social vigente corrige esse erro ou acaba como Benito Mussolini acabou: pendurada pelos pés. Desse dilema não há sair.

Quem examina a contribuição do Brasil para o *status quo* dessa monstruosa economia, assombra-se. Para ela o Brasil contribuiu de duas maneiras: uma passiva, não explorando as suas riquezas do subsolo; e outra ativa, queimando imensas massas de produtos de seu solo. Hoje trataremos apenas da queima de 80 milhões de sacas de café realizada de 1931 para cá. A não exploração do subsolo será objeto de outro artigo.

O primeiro ímpeto de quem estuda o caso da queima do café no Brasil é reescrever o livro de Walter Pitkin, *Breve introdução à história da estupidez humana*, a fim de acrescentar o capítulo que falta. Depois se convence de que não é nessa obra que a queima do café cabe, e sim numa ainda não escrita, "Breve introdução à história da desonestidade humana".

Se a nossa produção de café fosse realmente maior que a procura, a solução natural e honesta seria reduzi-la ao nível do consumo *não produzindo o café em excesso*. Mas na realidade nunca houve superprodução. Como decretar a existência da superprodução se aqui mesmo, neste pobre Brasil, metade da população não consome café, e lá fora um país imenso como a Rússia, de duzentos milhões de habitantes, tudo fez para comprar o nosso café em excesso e não o conseguiu? Entre descobrir um meio de facilitar o uso do café à nossa pobre gente e negociá-lo em troca de petróleo com a Rússia, o nosso governo preferiu queimá-lo. Não uma queima ocasional, momentâneo recurso de emergência, mas uma queima prolongada por anos a fio, adotada sistematicamente como solução definitiva e perpétua do problema do café. O resultado da monstruosidade só podia ser o que foi: "descadeiramento" da principal lavoura do país e a miséria geral que reina no interior.

O prodigioso da solução dada pelo governo, com assentimento de toda a fazendeirada, está em que ninguém percebia um fenômeno dos mais simples: *a indústria que queima o que produz está se queimando a si própria e acaba extinguindo-se*. O governo deixava que o fazendeiro continuasse a cuidar do café, a limpar o café, a colher e puxar o café, a secar o café nos terreiros, a beneficiá-lo, a ensacá-lo, a enviá-lo em lombo de burro, carro de boi ou caminhão às estações das estradas de ferro e a embarcá-lo para determinados pontos. Lá então o governo o tomava e com luxuosa burocracia e alta técnica o queimava.

Era a própria lavoura do café que estava se queimando a si mesma sem o perceber. No cálculo do "valor-nacional" dos 80 milhões de sacas de café destruído entra o "valor energia" do trabalho humano que esse café custou na fase de produção e transporte; entra o coeficiente de deterioração com que a deslocação de tamanha carga afetou o nosso débil sistema ferroviário e rodoviário; e entra o "valor-potência" da quantidade de sais, húmus e outros componentes da fertilidade do solo destruída pela queima – coisa de suma importância num país que tem na fertilidade nativa do solo o seu único patrimônio.

Oitenta milhões de sacas de café equivalem a... 4 milhões e 800 mil toneladas de substância do país, de carne do país, de elementos vitais destruídos para sempre. A causa aparente duma destruição dessas é a mesma causa aparente das destruições de trigo, porcos, frutas, leite, carneiros e o mais que citamos: estupidez. A causa verdadeira é a desonestidade do regime em que vivemos. A *queima de 80 milhões de sacas do café brasileiro foi feita porque o convinha ao fogo financeiro do capitalismo anônimo que se interpõe entre a produção e o consumo.*

No caso do café brasileiro os efeitos desastrosos da queima não foram só os mencionados. A operação permitiu a formação dum sistema de parasitismo depredatório chamado D. N. C. No dia em que Salvador Piza, ou Otaviano Alves de Lima ousarem escrever a "História sincera do D. N. C.", as larvas devoradoras de cadáveres hão de tapar o rosto com as mãos, murmurando: "Como somos atrasadinhas!..." A queima do café foi a nossa primeira experiência de "economia dirigida" e inspirou as demais do mesmo gênero feitas pelo Estado Novo sob o nome genérico de Coordenação. A angústia que o país sofre, a falta de tudo, até das coisas mais elementares, não vem da guerra, como os ingênuos acreditam – vem do travamento de todas as atividades do país com as regulamentações do governo federal, profundamente ineptas e pouco honestas. Vem da "economia dirigida", em suma. Há "economia dirigida" e há "planejamento". Neste opera-se um como levantamento topográfico da situação real do país e planeja-se cientificamente a construção do dia de amanhã. Foi o que a Rússia fez. Na "economia dirigida" não há nenhum planejamento científico atento ao futuro, e sim uma série de medidas compulsórias para dirigir a economia dum país do modo mais favorável aos grupos que estão no poder ou o exploram financeiramente. O Estado Novo escolheu este caminho, como que norteado por um lema: "Criar embaraços para fazer dinheiro com a suspensão dos embaraços" – e nesse regime ainda estamos.

O mundo está cheio de ingênuos para os quais tudo quanto o governo diz é. Por mais que a palavra "oficial" seja sinônimo de "desnaturação da verdade", permanece com o prestígio de sempre – e Walter Pitkin sabe por quê. Esses ingênuos perguntarão: "Mas haveria mesmo outro modo de enfrentar a superprodução do café, além da queima?".

Vou citar duas, uma científica e outra comercial. A solução científica foi estudada por Afrânio do Amaral e consistia no desdobramento do café que estava sendo queimado por invendável em vários componentes vendabilíssimos, como a cafeína, os óleos insaponificáveis que dão hormônios, o ácido cafeico resolúvel em benzina, o ácido quínico resolúvel em hidrobenzina, a trigonelina resolúvel em explosivos etc.

O desdobramento do café nesses componentes representava um valor comercial maior que o do café *in natura*. O defeito desta solução era ser muito científica. O governo brasileiro sempre teve uma vaga desconfiança dessa coisa chamada ciência. Espécie de comunismo...

Outra solução, a comercial, foi proposta pela Rússia – e sobre ela posso falar de cadeira porque brotou e germinou sob meus olhos em Nova York em 1930. Quero dar o meu depoimento. Se no processo do Estado Novo cada um de nós contasse o pedacinho que sabe, a patota de que teve conhecimento, a imbecilidade a que assistiu, formar-se-ia um *dossier* precioso para uso de qualquer governo honesto que porventura venhamos a ter. Só o estudo dos erros do passado ensina qualquer coisa aos estadistas do futuro.

Eu era adido comercial interino nos Estados Unidos, com escritório em Nova York. Certo dia apareceu-me lá um russo, com um pedido qualquer de informação. Puxei prosa. Era funcionário da Amtorg Corporation, a agência que os Soviets mantinham na América do Norte para a realização do intercâmbio entre os dois países. Na América do Sul havia, com sede em Montevidéu, uma organização semelhante, a Yuyamtorg, para o intercâmbio com a América do Sul. Os Estados Unidos faziam naquele tempo, como sempre fizeram, grandes negócios com a Rússia Soviética, num movimento de dezenas de milhões de dólares. Cá entre nós, a Rússia estava proibida pelos padres, pelas beatas ricas e pelo governo...

O homem da Amtorg, em certo ponto da conversa, perguntou-me:

– É verdade que seu país está com superprodução de café?

– Sim – respondi baixando os olhos, porque naquele tempo já eu considerava a superprodução do café como um fenômeno de inépcia coletiva.

– E o Brasil não extrai petróleo do seu imenso território?

– Não – murmurei de novo, baixando ainda mais os olhos e corando até a raiz dos cabelos.

O russo nada percebeu do meu drama íntimo; refletiu uns instantes e disse:

– Por que seu país não troca esse café que tem demais com petróleo russo? Vocês têm café em excesso; nós temos petróleo demais. Por que não trocarmos uma coisa pela outra?

Nada atrapalha tanto um brasileiro no exterior como essa pergunta: "Por que o seu país não faz isto ou aquilo?". A gente não pode confessar que é por estupidez orgânica, e começa a inventar umas razões tão cabo de esquadra que o interpelante sai convencido de que o interpelado também é uma cavalgadura irremediável. Armando-me de coragem, sinceramente confessei a minha ignorância: eu não sabia a razão. E depois de longo debate, assentamos num projeto: discutirmos o caso com Moscou, a ver se era possível a realização da troca do café que o Brasil estava queimando pelo petróleo que a Rússia possuía na maior abundância. Carta vai, carta vem, quatro ou cinco meses depois recebi autorização para comunicar ao governo brasileiro o seguinte:

A Rússia, desejosa de combater no Exército Vermelho o abuso do álcool, propunha ao Brasil a troca dos excessos de café por todos os derivados do petróleo de que a economia brasileira necessitasse, encarregando-se a Rússia de fazer em seus navios o transporte do petróleo e do café. E os russos ainda acentuavam que com a contínua passagem pelas fileiras de milhões de moços, o hábito do café adquirido durante o tempo do serviço militar seria levado para o seio das famílias, espalhando-se por toda a Rússia, com possibilidades de com o tempo fazer dela um comprador de café do Brasil tão grande ou maior que os Estados Unidos.

O negócio me pareceu simplesmente prodigioso, e pus-me a pensar no pulo de contentamento que o Brasil iria dar ao saber daquela imprevista solução do emperrado problema do café. Isso foi em fins de 1930. Em começos de 1931 vim para o Brasil com a proposta no bolso, todo risonho, à espera do estouro de contentamento da pátria amada.

Cheguei e encaminhei ao Ministério do Exterior o meu relatório e a proposta russa. Mas a pátria não reagiu. Esperei todo um mês e nada, nem sim nem não. Refiz a minha exposição, já meio desconfiado, e encaminhei-a à Presidência da República. A pátria continuou não reagindo. Mais um mês de espera e nada. Insisti com outro Ministério. Nada. A pátria sempre naquele eterno mutismo de peixe. Desapontadíssimo oficiei àquelas três entidades, àqueles três peixes da pátria, pedindo que me dessem uma resposta qualquer, sim ou não, pois que eu me comprometera a dar uma resposta qualquer a Amtorg. Nada. Silêncio de morte. Os três peixes persistiram na inviolável mudez dos peixes.

Cinco meses passados, recebo um telefonema do Hotel Esplanada: dois russos vindos do Uruguai queriam ver-me. Fui lá. Eram representantes da Yuyamtorg que haviam recebido ordem de Moscou para se informarem comigo sobre o ponto em que estava o negócio da troca do café por petróleo.

– E então? – perguntaram-me eles.

Corei até a raiz do calcanhar. Que dizer àqueles homens? Que mentira pregar? Como confessar que o nosso governo é o que é? A mentira que o pudor me sugeriu foi dizer que "ainda estavam estudando o assunto". Os dois homens sorriram e lembraram a organização dum grupo que fizesse particularmente o negócio da troca do café com petróleo, sem intervenção do governo – e encerramos a conversa.

Tratei no dia seguinte de saber se o governo tinha alguma objeção contra essa troca feita por particulares. Minhas consultas continuaram sem resposta. Abandonei o caso – dessa vez envergonhadíssimo da desgraça de ser brasileiro.

A tentativa, entretanto, prosseguiu. Outras pessoas insistiram em levá-la por diante. Apareceu uma objeção: "Os Estados Unidos é que estão impedindo que o Brasil faça essa troca". Os interessados foram ter com Edwin Morgan, embaixador americano, por esse tempo aqui em São Paulo, hospedado em casa de Dona Olivia Guedes. A resposta de Morgan foi a que tinha de ser: "Os Estados Unidos de nenhum modo jamais se oporão a um negócio vantajoso para a prosperidade do Brasil".

– Sim – disseram os consultantes –, mas isso é opinião sua. Nós queremos a opinião do governo americano. Pode telegrafar?

Morgan telegrafou e recebeu de Washington uma resposta exatamente nos termos da sua. Ficou assim afastada a hipótese de que o governo do Brasil não fazia o negócio proposto pelos russos de medo de represálias do governo dos Estados Unidos.

Pergunto: por que motivo o nosso governo recusou o mais maravilhoso negócio que jamais apareceu para o café – uma solução que não só acabava com a superprodução como eventualmente poderia dar ao nosso café um freguês tão grande ou maior que os Estados Unidos? E um negócio que além disso nos resolvia o problema da gasolina, do querosene, do óleo combustível e do óleo lubrificante, fazendo-nos economizar os milhões e milhões de dólares gastos todos os anos na compra desses produtos? Por que não foi dada nem sequer uma simples resposta de cortesia, um simples não, a quem apresentou a proposta russa?

A solução do enigma é uma só: o nosso governo não tem coragem de antepor o bem público, as verdadeiras necessidades do país, a felicidade e a prosperidade de 45 milhões de pobres-diabos coloniais que somos, aos interesses dos grupos financeiros daqui, ligados ao Capitalismo Anônimo Internacional que paira sobre o mundo como tremendo Pássaro Roca controlador dos governos fracos e promotor de guerras entre os governos fortes. Tanto dentro da forma democrática como dentro de qualquer forma de ditadura, os governos dos países fracos não passam de bonecos nas mãos do Poder Oculto do Capitalismo Internacional Anônimo – do qual até agora só um país se salvou: a Rússia.

Esta é a verdade que ninguém se anima a dizer.

DIÁRIO DE SÃO PAULO, 1935.

GEORGISMO E COMUNISMO

Os tatuíras, aferrados às suas

terras como ostras, proclamam que Georgismo é Comunismo; e com a resistência que oferecem ao Georgismo, vão levando o mundo à garra.

O Comunismo é uma tendência histórica que é tolice combater com a repressão. A repressão é justamente o esterco que faz essa ideia crescer. Foi a repressão dos imperadores romanos que deu vitória às ideias de Cristo, levadas da Judeia a Roma por humildes apóstolos. Herculano formulou esse conceito de modo lapidar: IDEIA PERSEGUIDA É IDEIA VITORIOSA; ETERNA VERDADE HISTÓRICA, ETERNAMENTE ESQUECIDA PELO PODER.

O meio de combater uma ideia é lançar ao seu encontro uma ideia melhor. Contra a ideia do comunismo, a ideia melhor é justamente o Georgismo. Se não, vejamos.

No Georgismo todos os homens têm direitos iguais ao uso e gozo do ar, da água e da terra. Mas cada homem tem direito exclusivo ao que produz com o seu trabalho.

O Comunismo adota o primeiro princípio, mas não aceita o segundo; quer que também o produto do trabalho individual pertença em comum a todos os homens.

Essa diferençazinha faz que o Georgismo permita a continuação da Ordem Social existente, que o Comunismo condena. E na marcha em que vai o mundo, o meio de a Ordem Social existente escapar da destruição pelo Comunismo é justamente defender-se com a adoção do Georgismo. Em país georgista, o

Comunismo cessa de progredir – o povo não vê razão para o Comunismo. Contra o Comunismo, pois, só o Georgismo, que é a ideia melhor. Nunca a violência, porque a violência é apenas um maravilhoso adubo.

Quantos bilhões de dólares já gastaram os americanos para ajudar os nacionalistas chineses na repressão ao Comunismo? Esses dólares têm servido de adubo. Mais se derramam sobre a China, mais os comunistas avançam – para pegá-los!

Por quê? Por que motivo está fracassando a mais bem financiada de todas as repressões ao Comunismo? Porque é feita por meio da violência, a única arma que nada pode contra as ideias. Nunca no mundo uma bala matou uma ideia.

Em vez de meditar sobre isto, os nossos tatuíras coçam a perna e rejeitam a única penicilina que os pode salvar da forca. Dizem nos clubes: "Isso de Georgismo é história. Não passa de Comunismo puro" – e piscam espertissimamente.

O Imposto Único

NO IMPOSTO ÚNICO, TÃO GENIALMENTE
CONCEBIDO POR HENRY GEORGE, ESTÁ A ÚNICA
SOLUÇÃO PERFEITA DOS PROBLEMAS NACIONAIS.

O grande contrassenso

moderno é o caso do Brasil. Uma nação de quarenta e cinco
milhões de habitantes, com um território imenso e que vive
num estado de penúria pior que o da China, porque a China
produz o que come e nós ainda importamos quase tudo o que
comemos, trigo, frutas, leite, batatas, peixe e agora até feijão...
Devemos os cabelos da cabeça e não pagamos juros nem amor-
tização, de modo que as dívidas nacionais crescem constantemente sem que entre dinheiro novo. Um país em que a maioria
anda de pé no chão, não sabe ler, nutre-se de brisas e sol, e está
cada vez mais doente e abobalhada; um país, em suma, com
todo o seu interior transformado em dolorosa enfermaria de ex-
-homens, ex-mulheres e sombras de crianças. O Brasil é um vasto hospital, disse Miguel Pereira. Esse hospital está situado no
continente que tem ao norte um país da mesma idade que já se
tornou o primeiro do mundo em tudo, e ao sul uma Argentina
milionária. Na Europa, durante muitos anos a situação anômala
da Turquia de Abdul-Hamid fez que surgisse para esse país a
designação de *L'homme malade* da Europa. Nós acabaremos
sendo *L'homme malade* das Américas.

Por que isso?

Muitas são as causas apresentadas, mas numa confluência de
causas há sempre uma causa maior que está no fundo de todas

as outras e as reduz a meros efeitos. Não resolve o problema, por exemplo, atribuir todos os nossos males à pobreza, porque a pobreza é por sua vez efeito de uma causa qualquer. Que causa é essa? O Regime Fiscal.

A OPINIÃO DE RUI

Rui Barbosa, a maior cerebração que o Brasil ainda produziu, há muito tempo que, de modo impecável, formulou o diagnóstico. Essa peça de Rui sobre a nossa imbecilidade fiscal lembra os desenhos de Gustavo Doré para o "Inferno" de Dante: ninguém se meta a ilustrar de novo o "Inferno" porque nada igualará a obra do máximo desenhista francês. Disse Rui estas palavras que deviam ser gravadas a fogo no rabo de todos os governos:

> "O nosso empirismo tributário é um regime de sangria espoliativa a que nenhuma nação das mais vigorosas do mundo resistiria. A escravidão fiscal, desenvolvida com uma carniçaria cada vez mais voraz pela União, pelos Estados e pelos Municípios, não faz menos pela atrofia do nosso organismo nacional do que o fez a escravidão negra, à qual sucedeu, com vantagem na pertinácia e na estupidez. A fúria do protecionismo, o tributamento da exportação e a inconstitucionalidade crônica dos impostos interestaduais são três suicídios sistematizados, a que o Brasil se entrega impenitente e consolado como os maníacos do álcool, do ópio ou da cocaína.
> Bem haja, pois, o movimento que se vai desenvolvendo entre nós, para a adoção do imposto territorial... Nele estaria a salvação. Seria a mais tranquila e a mais benéfica de todas as revoluções".

Que maravilha o gênio!

Em menos de cem palavras, Rui Barbosa diz, numa síntese perfeita, o que tentaram dizer, em centenas de artigos e livros, os estudiosos anteriores.

Mas de que valeu? De que valeu que já em 1917, há trinta anos de hoje, o nosso gênio máximo houvesse dado a público a sua síntese de gênio? Apesar das suas palavras, o nosso "empirismo tributário" continua; até hoje a tributação no Brasil não foi estudada à luz da ciência.

A "sangria espoliativa" continua, porque o nosso regime fiscal não arrecada apenas o dinheiro do contribuinte; arrecada-lhe sangue – o sangue indispensável à vida – e vem desse absurdo a anemia progressiva do país.

A "escravidão fiscal" continua, "desenvolvida com uma carniçaria cada vez mais voraz" – e Rui naquele tempo não podia prever que aquela escravidão fiscal, já monstruosa, iria multiplicar-se por dez no "quinzênio" getulino.

A "atrofia do organismo nacional" continua a processar-se, porque o regime fiscal do Estado Novo progrediu em "pertinácia e estupidez".

A "fúria do protecionismo" continua, e cada vez mais furiosa, sob pretexto de proteger o operário nacional, quando na realidade só aproveita a certo número de tubarões.

A "tributação da exportação" continua inexorável e constitui verdadeiro prêmio aos produtos similares de outros países.

Os impostos interestaduais continuam, gordos e viçosos, conservando os brasileiros incomunicáveis nesses compartimentos estanques chamados "Estados".

Os "três suicídios" continuam; e continuam "sistematizados", isto é, transformados em sistema.

E o Brasil continua a viver "impenitente", isto é, sem se corrigir, dentro desse regime fiscal suicida. Impenitente e "consolado" – isto é, consolando-se com as bobices do hino que embutem nas pobres crianças para que delas saiam adultos tão idiotas quanto os anteriores; consolando-se com a tolice do "Deus é brasileiro", e a tolice ainda maior do "plantando dá" – porque sem matar a formiga do imposto que recai sobre a produção, de nada adianta plantar nem dar – essa formiga come tudo.

E "consolado" de que maneira? Ao modo dos "maníacos do álcool, do ópio ou da cocaína", responde o grande Rui.

Rui, Rui, como foste grande... e inútil! Embrutecido desde os tempos da colônia pelo fisco monstruoso, o país não te leu nem te ouviu – e se te leu e ouviu então foi pior, porque não fez caso de tuas palavras e deixou que os males se fossem agravando. O fisco atingiu as raias da imbecilidade no "quinzênio" do ópio getulino. E hoje, tonto da cocaína patriótica, o Brasil está a dançar uma dança de cocainômano em torno de uma Constituição já de rabo arrancado, e com sua gente dividida em furiosos "istas", que procuram devorar-se uns aos outros. E a Grande Crise vem chegando, com os dentes arreganhados. E a Grande Fome vai criar a única fila que nos falta: a fila da sopa. Boa sopa ao menos? Alguma pavesa com um ovo boiante? Nada disso. Água do Tietê com umas pitadas de sal e três pedacinhos de pão argentino.

Do fisco monstruoso, tão bem pintado pelo gênio de Rui, saiu a pobreza do país, e da pobreza do país saíram todos os males que nos afligem e não terão cura enquanto persistir a pobreza. Mas não há doença que não tenha o seu remédio, e para o mal de que sofre o Brasil, Henry George há muito tempo que prescreveu um decisivo: o Imposto Único.

Que é isso?

AR, ÁGUA E TERRA

Uma coisa em que muita gente fala e poucos entendem.

Vou fazer uma tentativa para, de um modo claro, dar a noção do Imposto Único em sua essência.

Todos nós, os seres vivos – pulga, homem ou elefante – dispomos do ar, da água e da terra, coisas sem as quais não podemos subsistir; mas, a condição dessa subsistência é que disponhamos desses três elementos livremente. Os animais em estado selvagem vivem nesse regime de liberdade, mas com o homem não acontece o mesmo. Quanto ao ar e à água, tudo correu bem; ninguém se apossou do ar nem da água para no-los vender às doses, sob pena de morrermos de asfixia ou sede; não houve o apossamento do ar pela impossibilidade técnica de contê-lo em recipientes – e qualquer tentativa de acaparamento da água seria anulada pela primeira chuva que caísse. Mas como o elemento terra não possui essas defesas naturais, foi apossado e "aproprietariado". Passou, assim, de "bem comum" pertencente a todos a "bem privado" pertencente a este ou àquele – *e a história do mundo gira desde tempos imemoriais em torno da apropriação desse bem comum, a qual criou a divisão dos homens em ricos e pobres e em senhores e escravos.*

A TERRA ADQUIRE VALOR

Mas a terra no começo não "valia" nada. Valer é ter valor econômico; valor é uma relação entre a oferta e a procura, e só há oferta e procura quando há gente. A terra tem pouco valor em Mato Grosso porque há lá muito pouca gente; tem mais valor em São Paulo porque em São Paulo há mais gente; tem muitíssimo mais valor nas cidades do que nos campos, porque nas cidades há mais gente, mais aglomeramento humano; e o valor da terra em Nova York é o mais alto do mundo porque a massa humana lá aglomerada é a maior do mundo.

Logo, *o valor da terra é uma criação da sociedade humana.* Logo, *o valor da terra é um bem social*, porque quem fez esse valor, quem criou esse valor, foi a sociedade, não foi indivíduo nenhum. Um indivíduo pode fazer todos os melhoramentos possíveis numa terra; se não houver gente, ou sociedade em redor dessa terra, tais melhoramentos não terão valor nenhum.

Ora, o princípio geral, e natural, e eterno, e lógico da propriedade, é que *a coisa pertença a quem a fez ou produziu.* Se eu escrevo um livro, sou o dono desse livro. Se o sapateiro faz um sapato, ele é o dono desse sapato e não qualquer outra pessoa que o não tenha feito. Se o pedreiro ergue uma parede, ele é o dono do salário relativo ao esforço de erguer aquela parede. Se a Light opera um serviço de transporte ou iluminação, ela é a dona dos lucros resultantes. *Se a sociedade cria o valor da terra, ela é a dona desse valor.*

Mas com quem está hoje o valor da terra? Com a sociedade que o criou? Não. *O valor da terra, que é justamente o maior de todos os valores criados no mundo, não pertence ao seu verdadeiro dono, que é a sociedade, e sim aos herdeiros, ou sucessores por compra, dos homens que inicialmente, em tempos imemoriais, se apossaram da terra.*

Como restituir à sociedade o que lhe pertence?

A luta para arrancar esse bem social das mãos dos seus detentores é velhíssima e prossegue. Socialismo e comunismo não passam de formas dessa luta; querem que volte à sociedade o que da sociedade foi "roubado" – como dizia Proudhon. Ambos querem socializar a terra. Querem que passe para as mãos do Estado, que é o competente *receiver* da sociedade, o seu procurador, o administrador dos bens sociais.

Os planos de reivindicação do bem social-terra variam muito: vão desde a fórmula da Revolução Francesa (para acabar com os privilégios é preciso guilhotinar os privilegiados) até a maravilhosa solução de Henry George, o genial economista e sociólogo americano.

Henry George não guilhotina ninguém, não mexe em nada; não altera em nada a ordem social. Limita-se a substituir todos os atuais impostos diretos e indiretos, que são monstruosos porque recaem sobre a produção (e portanto assumem a forma de "castigo ao trabalho"), por um só: o Imposto sobre o Valor da Terra, quer dizer, o *imposto sobre o bem social que está na mão dos particulares*. Só isso.

Esse imposto toma o nome de Imposto Único quando alcança a unicidade, quando fica realmente sozinho, em substituição de todos os outros; antes disso chama-se Imposto Territorial.

Os países que já abriram os olhos e renegaram o regime fiscal que Rui Barbosa condenou e que por estupidez nossa ainda vige no Brasil, são justamente os mais adiantados, civilizados e ricos do mundo: Estados Unidos, Canadá, Austrália, Nova Zelândia, Dinamarca, Suíça, Noruega. Todos se firmam no Imposto Territorial baseado no valor da terra, e têm como ideal supremo o Imposto Único, isto é, a eliminação de quaisquer outros impostos que ainda existam, ficando apenas o territorial

– que então poderia mudar de nome e passar a chamar-se Imposto Único. O primeiro país que alcançar esse alvo terá, ipso facto, atingido o Milênio e será o Paraíso na Terra.

Eis em sua essência o que é o Georgismo. A coisa mais lógica, mais sã, mais suscetível de maravilhosas consequências que o gênio de um homem ainda concebeu.

Mas tão poderosos se tornaram os donos ilegais das terras (ilegais diante das leis da natureza), que até agora fracassaram todas as tentativas de reivindicação. No fundo da resistência a todas as formas de socialismo e comunismo está sempre o "terra-tenente" – o detentor das terras.

A JUSTIÇA DO IMPOSTO ÚNICO

Com a teoria de Henry George, a sociedade diz para os atuais terra-tenentes: "Estais na posse, uso e gozo de um bem que não criastes e portanto não é vosso: a terra. Mas em vez de vos desalojar pela violência, fazendo que a terra vá para o domínio do Estado (que é o meu procurador), resolvo o seguinte: todas as despesas públicas serão daqui por diante pagas com a arrecadação de um imposto único: o territorial, que instituo sobre o valor da terra que estais ocupando, usando e gozando sem autorização minha, como se vos pertencesse por direito natural. Deste modo, sem violar o vosso *direito de posse*, não mexo na ordem social existente e vos livro dos irrefreáveis movimentos revolucionários que para alcançar a socialização da terra estão dispostos até a levar-nos à forca – e fazem muito bem".

Tolstoi escreveu: "Quem combate as ideias de Henry George é porque não as conhece. Conhecê-las é adotá-las".

Mas não é assim. Muita gente conhece muito bem as ideias básicas do georgismo, mas assanha-se contra elas, e tudo faz para que não sejam adotadas. São os donos das terras e terrenos bem situados, isto é, situados em zonas suscetíveis de desenvolvimento. Nada fazem nessas terras. Nada constroem nesses terrenos. Limitam-se a guardá-los fora de uso, *para que se valorizem*.

O valor é "determinado" pela "procura", mas é "possibilizado" pelo trabalho individual do homem aplicado a uma coisa. A argila em si nada vale, mas se o trabalho do homem a transforma em tijolo, adquire possibilidade de valor, o qual é determinado pela procura. Ora, se é assim, como se possibiliza o valor das terras e terrenos em que o dono jamais aplicou qualquer trabalho? *Com a aplicação do trabalho dos outros nos arredores ou na zona.* Mas no regime atual esse valor assim possibilizado não cabe aos seus possibilizadores, e sim ao dono parasitário que nada fez. "Os outros" quer dizer a sociedade.

Está errado, diz o georgismo, e prova. Só quem cria um valor é o legítimo dono dele. Negar isto é mostrar-se anticientífico e antissocial. Logo, os inimigos do georgismo são inimigos da sociedade. Não querem que ela se beneficie com o que ela cria.

Examinai de perto as verdadeiras razões dos que combatem o georgismo. Não são razões baseadas no Bem Público, sim na quantidade de terras e terrenos que possuem ao léu, sem aproveitá-los, ciosamente guardados para que se vão valorizando com o trabalho dos outros em redor ou na zona. Eles combatem o georgismo porque o georgismo denuncia isso e com o gancho do Imposto Territorial se propõe arrecadar a renda daquele valor de criação social para aplicá-la em benefício de todos.

Afora esses tatuíras que ficam na maior inação à espera de que o trabalho dos outros em redor de suas terras as *valorizem*, em benefício exclusivo dele, tatuíra, nenhum homem no mundo se ergue de boa-fé contra o Imposto Territorial. Mas ao tatuíra que importa o Bem Público? Que lhe importa a desgraça alheia? Esteja ele bem e o mundo que se dane.

A verdadeira causa dos extremismos violentos, que pregam a revolução destruidora em vez duma sadia evolução consentida, é justamente essa mentalidade tatuiresca, mentalidade tão estreita que nem a proximidade da catástrofe lhe abre brecha na bronquidão.

Mas nada no mundo resiste ao poder da verdade. O georgismo é a verdade, e pois o georgismo vencerá.

Algumas opiniões sobre Henry George e suas ideias

Homens como Henry George são, infelizmente, raros. Não se pode imaginar mais bela combinação de acuidade intelectual, forma artística e ardente amor à justiça que a que Henry George representa. Cada frase da sua obra parece escrita para nossa geração.

ALBERT EINSTEIN

Minha ambição é saldar a dívida que contraí para com Henry George; quisera ir um dia à América e tentar fazer pela nossa sociedade o que, há quase um quarto de século, Henry George fez por mim.

BERNARD SHAW

Não precisamos de todos os dedos das mãos para enumerar os homens que, de Platão até nós, se igualam a Henry George, entre os grandes filósofos da humanidade.

JOHN DEWEY

Opino que o *desideratum* de uma boa administração é simplificar o regime tributário até chegar ao imposto único, o qual, incidindo sobre a terra, que é tronco gerador de toda a riqueza, deixaria libertos os galhos, para que pudessem desenvolver-se sem a poda do Estado, que faz sangrar duas vezes o próprio tronco.

SAENZ-PEÑA, EX-PRESIDENTE DA ARGENTINA

A luta do Trabalho não deve ser contra o Capital, que é seu filho, mas contra o Monopólio, que é o seu verdadeiro inimigo.

HENRY GEORGE

Antes de entregar-me ao sono, releio sempre trechos de dois livros que conservo à minha cabeceira e me dão forças para manter a luta cotidiana. Esses livros são a *Bíblia* e *Progresso e pobreza*, de Henry George.

LLOYD GEORGE

Muita gente confunde georgismo com comunismo, mas a distinção é fácil. No georgismo, todos os homens têm direitos iguais ao uso e gozo dos elementos naturais, ar, água e terra. E cada homem tem direito exclusivo ao que produz com o seu trabalho. O comunismo aceita o primeiro destes princípios, mas nega o segundo; quer que também o produto do trabalho individual pertença em comum a todos os homens.

João Paulo

O mal do Brasil está no seu regime tributário, que o transformou em nação pobre; mas o Imposto Único, preconizado pelos georgistas, o curará e o transformará em nação rica.

Roberto Martin

Henry George foi um dos grandes reformadores do mundo. Profundo no seu sentimento, indomável na sua decisão, infalível na sua coragem, absoluto na sua dedicação aos princípios.

Lloyd Garrison

Nós continuamos inabalavelmente convencidos de que o Imposto Territorial é o único recurso de que "podemos" lançar mão, e o único de que "devemos" lançar mão, no duplo interesse de salvar a nossa lavoura da ruína e de salvar da ruína o nosso tesouro.

O Estado de S. Paulo

A verdade que procurei demonstrar não será aceita facilmente; mas encontrará amigos tais que por ela trabalharão, sofrerão e, se necessário for, por ela morrerão. Tal é o poder da verdade.

Henry George

A TERRA E A BENFEITORIA

1 – É obra da natureza.

A TERRA

1 – É obra da natureza.

2 – Existe em quantidade limitada, não podendo ser aumentada nem diminuída.

3 – É independente do esforço humano, que não pode criá-la nem destruí-la.

4 – Existia antes do homem e existirá depois dele.

5 – Sendo taxada, barateia.

6 – Sob domínio particular, dificulta a produção.

7 – Conserva-se sem necessidade de trabalho.

8 – Pode ser monopolizada.

9 – Quanto menos trabalho exige, mais valor tem.

10 – Não tem custo de produção.

11 – Dá um lucro (renda) que desfalca o trabalho.

12 – Originariamente, só pode ser apropriada pela ocupação.

13 – Na produção é o elemento passivo.

14 – Não utilizada, prejudica a coletividade.

15 – Adquire valor graças ao trabalho da coletividade.

16 – Deve pertencer à coletividade.

A BENFEITORIA

1 – É obra do homem.

2 – Existe em quantidade ilimitada, podendo ser aumentada ou diminuída.

3 – É dependente do esforço humano, que pode à vontade criá-la ou destruí-la.

4 – Não existia antes do homem e não existirá depois dele.

5 – Sendo taxada, encarece.

6 – Sob a propriedade particular, estimula a produção.

7 – Só se mantém por meio do trabalho.

8 – Não pode ser monopolizada.

9 – Quando menos trabalho exige, menos valor tem.

10 – Tem custo de produção.

11 – Dá um lucro (juro) que favorece o trabalho.

12 – Originariamente, só pode ser apropriada pelo trabalho.

13 – Na produção é elemento ativo.

14 – Não utilizada, prejudica o indivíduo.

15 – Adquire valor graças ao trabalho do indivíduo.

16 – Deve pertencer ao indivíduo.

Tributando somente a terra, o georgismo torna a terra propriedade de todos os homens. Isentando de taxas a benfeitoria, o georgismo torna a benfeitoria propriedade exclusiva de quem a criou.

* * *

O imposto ideal, racional, que ainda há de ser regra no Brasil, o imposto que já conquistou e apaixonou os mais inteligentes economistas, que já está decretado por muitas comunidades
esclarecidas – é o imposto direto sobre a terra.

ASSIS BRASIL

Não é mais suscetível de controvérsia a superioridade do
imposto territorial sobre todos os outros, pois tem a seu favor a
opinião unânime dos economistas e dos verdadeiros homens de
Estado. O imposto territorial deve ser a base principal, se não a
única, das finanças públicas.

BORGES DE MEDEIROS

A decretação do imposto territorial permite a imediata
abolição dos antieconômicos impostos seguintes, que para
vergonha de São Paulo senhoreiam em seu orçamento: imposto de exportação, sobretaxa de exportação, imposto de sisa,
imposto predial.

CINCINATO BRAGA

O imposto territorial sobre o valor da terra será a carta de
liberdade outorgada à lavoura, que se aliviará assim do peso es-
magador dos impostos que a oneram.

A. C. DA SILVA TELLES

Quem quiser se aprofundar no georgismo, encontrará nas
livrarias o precioso livro de Henry George, *PROGRESSO E
POBREZA*, traduzido por Américo Werneck, e encontrará também uma obra nova de Octaviano Alves de Lima, *REVOLU-
ÇÃO ECONÔMICO-SOCIAL*.

"Deve o imposto territorial ser o tributo básico do orçamento do Estado"

Manifesta-se o senhor Antonio de Queirós Teles sobre as alterações introduzidas no regime fiscal

O senhor Antonio de Queirós Teles, ex-presidente da Sociedade Rural Brasileira, que por várias vezes apresentou sugestões àquela agremiação a propósito das alterações introduzidas na cobrança do imposto territorial, expôs às *Folhas* os seus pontos de vista tendentes a provocar a modificação do critério ora adotado no tocante à matéria.

– "A meu ver" – declarou-nos inicialmente sua senhora – "o imposto territorial deve ser o tributo básico do orçamento do Estado. Sua fixação precisa obedecer ao princípio de gravar a terra exclusivamente pelo seu valor, independente, portanto, de toda e qualquer benfeitoria. A taxa do imposto necessita ser fixa e única, para todas as terras do Estado. Nenhuma discriminação em favor de umas terras em detrimento de outras, por motivo de sua localização ou o que quer que seja. Assim é que entendo o imposto territorial implantado com justiça.

Parece-me que o lançamento desse tributo na zona rural vem obedecendo a princípios que reputo certos, e, portanto, seguindo um critério exato, do qual o governo não se deve afastar.

Não sou, no entanto, partidário do seu aumento desproporcional, quer quanto à taxa, quer quanto ao valor das terras, quando todos os demais tributos estão sendo elevados, não só no setor federal, como também no estadual, recaindo rudemente sobre a produção rural. Para elevação do imposto territorial, dever-se-ia, desde logo, diminuir os demais. Isso, porém, não é o que acontece em nosso país, onde todos os gravames fiscais crescem paralelamente.

Na esfera federal, os direitos de importação constituem entrave que encarece sobremodo o custo de vida agrícola.

Os impostos de consumo e de renda atingem as atividades da terra, aquele encarecendo-as e este associando-se aos seus lucros. Nunca, porém, participando das rendas. É um sócio gratuito e privilegiado. Ao governo e à coorte de funcionários que vivem desse tributo, o que importa é arrecadar, em suma, retirar uma parte dos proventos obtidos com esforço e luta pelos que trabalham e economizam."

O TRABALHO DEVERIA ESTAR ISENTO DE IMPOSTO

"O nosso chamado imposto de renda não é, em seu todo, um imposto sobre a renda, porquanto recai também sobre o trabalho que, pela designação do tributo, dele deveria estar isento.

Com referência ao Estado, o que vimos presenciando é a majoração de todos os impostos, e mesmo a tentativa de criação de novos.

A razão da premência de dinheiro por parte do Estado resulta, em primeiro lugar, da sua indisposição em cercear os gastos, muitos supérfluos e suntuários. Falta coragem e energia à administração pública, para tocar fundo nesse setor, conservado, em parte, com fins políticos para agradar às massas, e, por outra, porque se está generalizando a ideia de que o povo tem de entregar ao Estado uma parte sempre crescente do que lhe pertence.

O imposto sobre vendas e consignações pesa sempre, em sua atual majoração, multiplicada a incidência, toda vez que a mercadoria passa de mão.

Esse tributo é pago várias vezes, sendo o seu valor deduzido do preço que o produtor recebe. Essa é a verdade, que, aliás, o comércio e a indústria conhecem perfeitamente. O consumidor é que afinal paga o imposto, que estas classes apenas adiantam ao erário. A incidência final do imposto é que é importante.

Por todas essas razões, elevar o imposto territorial, embora esteja ele lançado em sua forma ortodoxa, quando se majoram todos os demais tributos, encarecendo a vida da agricultura, não me parece aconselhável."

A REAVALIAÇÃO DAS TERRAS

"As drásticas medidas lembradas pela Secretaria da Fazenda aos agentes fiscais no interior, no sentido de avaliar os imóveis rurais de acordo com a elevação que se vem processando em virtude do regime inflacionário existente, não é de bom alvitre. Já basta a majoração da taxa criada pela assembleia.

Os preços hoje alardeados por esses funcionários não representam a realidade. Apesar da manifesta alegria de muitos, que se deslumbram em proclamar o crescente valor da terra no Estado, o fato é que, política e socialmente, tal elevação só dificulta o uso do solo, tornando cada vez menor o número de pessoas em condições de adquiri-lo e, portanto, de correr os riscos de empatar capital na produção. E os agentes fiscais do interior são os principais causadores dessa situação.

Não há transação de imóveis rurais, sem que surjam os funcionários do fisco, com a intimação para o pagamento de diferença de sisa, que invariavelmente computam acima do preço estipulado. No interior, isso já se tornou norma a que ninguém escapa.

Felizmente ainda existe, na capital, o Tribunal de Impostos e Taxas, último reduto das vítimas da burocracia fiscal do interior, pois os chamados Tribunais Regionais nada mais fazem que homologar servilmente a decisão dos postos fiscais."

Da Folha da Manhã de 7/4/1948

Bibliografia selecionada sobre Monteiro Lobato

De Jeca a Macunaíma: Monteiro Lobato e o modernismo, de Vasda Bonafini Landers. Editora Civilização Brasileira, 1988.

Juca e Joyce: memórias da neta de Monteiro Lobato, de Marcia Camargos. Editora Moderna, 2007.

Monteiro Lobato: intelectual, empresário, editor, de Alice M. Koshiyama. Edusp, 2006.

Monteiro Lobato: furacão na Botocúndia, de Carmen Lucia de Azevedo, Marcia Camargos e Vladimir Sacchetta. Editora Senac São Paulo, 1997.

Monteiro Lobato: vida e obra, de Edgard Cavalheiro. Companhia Editora Nacional, 1956.

Monteiro Lobato: um brasileiro sob medida, de Marisa Lajolo. Editora Moderna, 2000.

Na trilha do Jeca: Monteiro Lobato e a formação do campo literário no Brasil, de Enio Passiani. Editora da Universidade do Sagrado Coração/Associação Nacional de Pós-Graduação em Ciências Sociais, 2003.

Novos estudos sobre Monteiro Lobato, de Cassiano Nunes. Editora Universidade de Brasília, 1998.

Revista do Brasil: um diagnóstico para a (n)ação, de Tania Regina de Luca. Editora da Unesp, 1999.

Um Jeca nas vernissages, de Tadeu Chiarelli. Edusp, 1995.

Vozes do tempo de Lobato, de Paulo Dantas (org.). Traço Editora, 1982.

Sítio eletrônico na internet: www.lobato.com.br
(mantido pelos herdeiros do escritor)

Este livro, composto nas fontes Electra LH, Rotis e Filosofia,
foi impresso em papel pólen soft 80 g/m² na Bartira.
São Paulo, Brasil, fevereiro de 2011.